FRANZÖSISCH FÜR SIE

Arbeitsbuch 3

von Martine Catalani
unter Mitarbeit von Hans G. Bauer

D1735336

MAX HUEBER VERLAG

ISBN 3–19–06.3091–7
2. Auflage 1974
© 1973 Max Hueber Verlag München
Zeichnungen: Erich Hölle, Otterfing
Satz und Druck: Georg Appl, Wemding
Printed in Germany

VORWORT

Das Arbeitsbuch 3 stellt eine Ergänzung zum 3. Band des Lehrbuches «Französisch für Sie» dar. Es bietet zusätzliche Übungen, die hauptsächlich für die häusliche Arbeit gedacht sind und auf das VHS-Zertifikat Französisch vorbereiten.

Die Progression nach Wortschatz und Grammatik entspricht der des Lehrbuches. Voraussetzung für die Übungen ist also, daß die jeweilige Lektion durchgearbeitet worden ist.

Das Arbeitsbuch bietet eine Vielfalt von Übungsformen:

1. Eine große Anzahl von Wortschatzübungen verschiedener Art
2. Fragen, die das Verständnis der Lektionstexte fördern und zu selbständigen Formulierungen hinführen
3. Dialogische Gestaltungsübungen, in denen ein Gesprächspart zu rekonstruieren ist
4. Kontextualisierte Strukturübungen
5. Transpositionsübungen mit zusammenhängenden Texten
6. Die gelenkte Abfassung von Briefen. Dieser Übungsform kommt im Rahmen des VHS-Zertifikats und im Hinblick auf das praxisorientierte Lehrziel besondere Bedeutung zu.
7. Auf Wunsch zahlreicher Kursteilnehmer auch Übersetzungsübungen

Wortschatz und Strukturen werden in Übereinstimmung mit den methodischen Grundsätzen des Lehrbuches vorzüglich in Oppositionen und im syntagmatischen Bezug gefestigt. Spezielles Ziel dieses den Kurs abschließenden Übungsbuches ist die Anwendung des Gelernten im Transfer in neuen Situationen.

Die Buchstaben (m), (s), (m/s) informieren darüber, ob die Übung als mündliche, schriftliche oder mündliche *und* schriftliche Übung gedacht ist.

Die zwischen Klammern eingesetzten Zahlen weisen auf den «Schlüssel zu den Übungen» am Ende des Buches hin.

Herrn Hans G. Bauer, Mitverfasser der Reihe «Französisch für Sie», möchte ich für seine wertvollen Ratschläge und Hinweise ganz besonders danken.

Martine Catalani

I. (m/s) Complétez les phrases suivantes par des mots ou expressions du texte 1 A:

a. Au revoir, Madame. (1) d'avoir fait votre connaissance.

b. Il est parti très vite. Il a pris (2) de nous au bout de quelques minutes.

c. On voit ta jupe. Elle (3) ton manteau.

d. Il est très fatigué. Il a fait un trop grand (4).

e. C'est un bon élève. Il a de bons (5).

f. Nous attendons depuis une demi-heure. Le train est très en (6).

g. Je n'ai plus ni vin, ni lait, ni café. Tu trouveras tout ça chez (7) du coin.

h. Si tu veux manger un bifteck à midi, va vite chez le (8).

i. Je ne t'attendais pas si tôt. Tu es en (9) d'une heure.

k. Je connais bien cette voix. Elle m'est (10).

l. Elle a garé sa voiture tout de suite. Elle y a réussi du premier (11).

II. (m/s) Dites le contraire:

a. Ce jardin *privé* est vert en toute saison.

b. Ce vin blanc est *doux.*

c. C'est une chose *sans importance.*

d. En vacances nous *recherchons* les coins tranquilles.

e. Le monsieur s'est décidé à parler à la jeune fille *peu de temps* après l'avoir remarquée.

f. Si nous voulons voir Robert, il va falloir *partir.*

g. Il ne m'a dit que des *vérités*.

h. Il *travaille* une semaine sur deux.

III. (m/s) Répondez aux questions suivantes:

a. Pourquoi est-ce qu'on trouve toujours de la place dans les hôtels en France au mois de septembre?

b. Grâce à quoi le travail des paysans est-il devenu plus facile?

c. Où est-ce que les touristes peuvent s'adresser s'ils ne connaissent pas une région?

d. Pourquoi est-ce que les Français continuent à partir au mois d'août?

e. Qu'est-ce qu'on met dans une pipe?

f. Pourquoi est-ce qu'on a avancé les pendules pendant la guerre?

IV. (m) Complétez les phrases suivantes par 'il y a', ,avant' ou ,devant' selon les cas.

a. Il s'est garé (1) la maison de la voisine.

b. (2) de me mettre en route, je voudrais être sûr qu'il est chez lui.

c. Je l'ai encore vu (3) moins de cinq minutes.

d. Il est toujours prêt (4) les autres.

e. Si tu ne regardes pas (5) toi, tu vas tomber.

f. En voiture, elle veut toujours s'assoir (6).

g. Ils sont partis (7) la fin du film.

h. (8) une semaine aujourd'hui que je l'ai rencontré pour la dernière fois.

i. (9) le danger nous avons décidé de rentrer (10) la nuit.·

k. Il n'a pas osé dire (11) tout le monde qu'il ne savait pas nager.

l. (12) longtemps qu'il ne m'a pas invité(e).

V. (s) Vous écrivez à un hôtel pour réserver une chambre. Vous aviez déjà écrit pour demander les prix et vous venez de recevoir la réponse.

a. Vous vous adressez au propriétaire de l'hôtel.

b. Vous le remerciez de sa lettre et de ses renseignements.

c. Vous dites si vous voulez une chambre à un ou deux lits, une chambre avec bain.

d. Si vous voulez prendre le petit déjeuner à l'hôtel.

e. Vous dites aussi la date à laquelle vous arrivez et combien de temps vous restez.

f. Vous attendez une réponse favorable – Formule de politesse.

1

2

I. (m/s) Complétez les phrases suivantes par des mots ou expressions du texte 2 A:

a. Nous pouvons laisser les enfants seuls. Ils m'ont (1) d'être gentils.
b. Si tu veux travailler à Paris, vas-y: tu sais qu'il est difficile de trouver un travail quand on n'est pas (2)
c. En France, la télévision n'a que deux (3).
d. J'emporte beaucoup d'affaires. J'ai besoin de deux grandes (4)
e. Il se lève tôt le matin. Tous les jours il est (5) à six heures.
f. Nous arrivons tout de suite. Nous descendons au prochain (6)
g. Je me couche tard, c'est pourquoi maman a du mal à me (7) le matin.
h. Si tu sortais moins, tu pourrais (8) chaque mois plus d'argent.
i. Il a dû (9) pour dépasser le camion.
k. Elle aime être seule. Elle dit qu'elle pourrait vivre sur une (10).
l. C'est le (11) qui fait la chanson.
m. J'aurais pris un bain si j'avais eu mon (12).
n. Il est très fatigué. Il devrait aller se (13) à la campagne.

II. (m/s) Dites le contraire:

a. Tous les jours nous sommes *couchés* très tôt.
b. Cette année nous n'avons eu qu'un mois de *froid*.
c. Il *s'endort* toujours avant les autres.
d. Nous avons un temps *normal* pour la saison.
e. Elle *dépense* toujours plus de la moitié de son salaire.
f. Je *n*'ai *pas du tout* oublié son anniversaire.
g. A la *sortie* des classes les élèves ne parlent que des vacances.

h. Cette émission de télévision *finit* à dix heures.
i. Ce paquet est très *léger*.

2

III. (m/s) Répondez aux questions suivantes:

a. Pourquoi est-ce que nous achèterons les bols, les seaux et les casseroles sur place?
b. Pourquoi est-ce que papa a attaché la voiture à un camion?
c. Pourquoi est-ce que la dame finit par se taire?
d. Pourquoi est-ce que papa doit se reposer?
e. Pourquoi est-ce que ces vacances seront courtes?
f. Pourquoi est-ce qu'il va falloir avancer le retour?

IV. (m)

Un jour j'irai sur la Côte. – Si ça continue comme ça, tu seras vieux et *tu ne seras jamais allé sur la Côte.*

a. Un jour j'économiserai de l'argent. – Si ça continue comme ça, tu seras vieux et . . . .
b. Un jour elle ira voir tes dessins. – Si ça continue comme ça, elle sera vieille et . . . .
c. Un jour nous leur montrerons les monuments de Paris. – Si ça continue comme ça, ils seront vieux et . . . .
d. Un jour vous apprendrez l'anglais. – Si ça continue comme ça, nous serons vieux et . . . .
e. Un jour ils feront le tour du monde. – Si ça continue comme ça, ils seront vieux et . . . .

V. (m/s) Traduisez:

a. Wir wollen alle notwendigen Dinge an Ort und Stelle kaufen.
b. Wir werden im Nu dort sein.
c. Papa raucht wie ein Schlot.
d. Wenn wir erst einmal auf der Autobahn sind, zischen wir ab.
e. Papa will das Auto an einen Lastwagen anhängen, um ein paar Liter Benzin zu sparen.
f. Der Lastwagen hat plötzlich Gas gegeben.
g. Wir werden unsere Rückfahrt vorverlegen müssen.

3

I. (m/s) Complétez les phrases suivantes par des mots ou expressions du texte 3 A:

a. Elle a perdu son mari récemment. Elle est (1) depuis quelques mois.

b. Il l'a fait tomber, mais c'était sans mauvaise (2).

c. Il a été longtemps malade. Il se (3) seulement maintenant.

d. Je suis sûr de cet homme. Je ne (4) pas de son honnêteté.

e. On peut lui faire confiance: il a les pieds sur (5).

f. Elle s'est occupée de lui quand il avait la grippe. Elle l'a toujours bien (6).

g. Quand papa est arrivé en retard, maman lui a demandé des (7).

h. S'il ne sait pas bien nager, il va se (8).

i. Elle veut tout savoir. Elle est très (9).

k. Tu n'iras pas au cinéma. Maman te l'a (10) défendu.

l. Je n'entends pas ce que vous dites. Il y a trop de (11) autour de moi.

m. Elle ne croit toujours pas son mari. Il ne l'a pas (12).

n. Nous ne sommes pas allés au mariage. Nous n'y avons pas (13).

o. Il voulait qu'elle gagne et il a fait (14) de perdre aux cartes.

II. (m/s) Dites le contraire:

a. Il est *facilement* en colère.

b. Il *est sûr* de son ami.

c. Quand il est entré il s'est fait un grand *silence*.
d. Elle est d'humeur à *rire*.
e. Je n'ai pas pu voir *la fin* du film.
f. Mon voyage à Paris m'a coûté *plus* de cinq cents francs.
g. J'ai demandé à l'employé de *descendre* mes bagages.
h. Madame Lebrun n'est pas contente: ses invités sont arrivés trop *tard*.

III. (m/s) Répondez aux questions suivantes:

a. Quand est-ce que M. Wartel allait sur la tombe de sa femme?
b. Pourquoi est-ce qu'il manque une marche quand il la voit devant lui?
c. Pourquoi est-ce qu'il n'est pas très content de la revoir?
d. Qu'est-ce que les habitants du village avaient pensé quand on avait retiré de la Lys le corps d'une noyée?
e. Où est-ce que Denise habitait depuis quatre mois?
f. Pourquoi est-ce que les gens du village se barricadent chez eux?
g. Pourquoi est-ce qu'on veut reprendre l'enquête maintenant que Denise est retrouvée?

IV. (m/s)

Il est tombé dans l'escalier et il s'est blessé au pied.
Il s'est blessé au pied en tombant dans l'escalier.

a. Il a remercié Madame Jolivet pour son déjeuner et il s'en est allé.
b. Nos parents nous ont embrassés et ils nous ont quittés.
c. Elle a rougi et elle lui a répondu qu'elle voulait bien aller au cinéma avec lui.
d. Il se lève et il est déjà de mauvaise humeur.
e. Il n'a pas fait attention au voleur et il a continué sa route.
f. Elle s'est promenée sans manteau et elle a eu la grippe.

V. (m/s) Mettez les verbes entre parenthèses à la personne et au temps voulus.

Le Commissaire de Police à Jolivet dont la femme (disparaître):
– (s'appeler) bien Jolivet Robert, né à Paris le 2 Janvier 1920?
– Oui, Monsieur le Commissaire.

11

3 – (être marié)?
– Oui, Monsieur le Commissaire.
– Avec qui?
– Une femme.
– Le Commissaire qui (commencer) à bouillir:
– Evidemment une femme! Avez-vous vu quelqu'un épouser un homme?
– Mais bien sûr.
– Et qui, s'il vous plaît?
– Ma femme! Voyons.

I. (m/s) Complétez les phrases suivantes par des mots ou expressions du texte 4 A:

a. Je voudrais vous parler. Pouvez-vous m'(1) un moment?

b. Il a vingt ans de plus qu'elle. Il y a une grande (2) d'âge entre eux.

c. Qui a écrit ce livre? Quel en est (3)?

d. Quand elle est arrivée dans sa nouvelle robe, elle a eu beaucoup de (4).

e. Jean n'a que cent francs. Papa veut (5) la somme pour lui permettre d'acheter un vélomoteur.

f. Ils partagent les mêmes idées. Ils ont beaucoup de choses en (6).

g. Tu ne joueras plus avec nous si tu ne respectes pas le (7).

h. Tu ne sortiras pas sans la (8) de Papa.

i. Nous n'avons eu qu'une semaine de congé. Cette année les vacances ont été de courte (9).

k. Il m'a fait perdre beaucoup de temps et si j'arrive en retard, ce sera bien (10) de lui.

l. Tu n'as pas besoin de fermer la porte. Ce n'est pas la (11).

m. Ils sont huit enfants. C'est une famille (12).

n. Tu fais trop de bruit. Tu me (13) dans mon travail.

o. Quand tu seras sur la Côte, n'oublie pas de m'envoyer des (14).

4

II. (m/s) Dites le contraire:

a. Il n'achète que des voitures *neuves*.
b. Il est *permis* de tourner à gauche.
c. C'est une province *pauvre*.
d. Je *ne* m'ennuie *jamais* à la campagne.
e. Papa *a vendu* sa voiture trois mille francs.
f. Sa porte est *fermée* à tous.
g. Il *a cherché* un cadeau qui pourrait plaire à sa belle-mère.

III. (m/s) Répondez aux questions:

a. En quelle saison est-ce que les bouquinistes travaillent le moins? Pourquoi?
b. Est-ce qu'il y a des bouquinistes qui ne s'intéressent pas tellement aux livres? Lesquels?
c. Qu'est-ce que dit le règlement qu'ils doivent suivre?
d. Pourquoi est-ce que leur métier a tant de charme?
e. Comment est-ce qu'ils profitent du tourisme?
f. Pourquoi est-ce qu'ils sont tant aimés des touristes?

IV. (m) Complétez les blancs avec les formes correctes d'après le modèle:

renoncer: Tu as pris tes vacances au mois d'août? – Non, *j'y ai renoncé.*
Robert n'aime plus Madeleine. *Il a renoncé à elle.*

a. *s'adresser:* Si vous cherchez une chambre, allez au syndicat d'initiative et . . . .
Papa a fait de beaux voyages. Si tu veux des renseignements sur l'Afrique, ...
b. *répondre:* Les questions du speaker sont difficiles. Pourtant Madame Laurent peut . . . .
Gisèle nous a écrit hier. Il faut . . . .
avant la fin de la semaine.
c. *s'intéresser:* Si j'aime le théâtre, c'est parce que je . . . .
Simone plaît à Robert. Il . . . .

14

d. *penser:* N'oubliez pas les photos **4**
   Quand on a des soucis et qu'on a de bons amis, il faut . . . .
e. *croire:* Tu peux lui dire tous les mensonges que tu veux, il . . . .
   Tu sembles douter de ce que je t'ai dit – Mais non, je . . . .

V. (m/s) Voici une histoire. Choisissez les termes corrects et mettez une croix sur la lettre correspondante:

1. Quand il était jeune, Monsieur Lebrun
a. veut
b. voudrait
c. voulait
d. voudra   devenir écrivain. Mais parce
                             qu'il

2.
a. n'avait pas
b. n'aurait pas
c. n'aura pas eu
d. n'avoir pas   de succès, il

3.
a. devait
b. doit
c. aura dû
d. a dû   chercher un autre métier.

4. Un jour que son oncle, qui était bouquiniste
a. sera
b. était
c. aurait été
d. serait   malade, il a voulu

5.
a. avoir vendu
b. vendre
c. a vendu
d. avait vendu   les vieux livres à sa place.

15

4

6. Comme il aimait ce métier, il
   a. a acheté
   b. achèterait
   c. aurait acheté
   d. aura acheté   une boîte.

7. Depuis ce jour, Monsieur Lebrun
   a. vendre
   b. aura vendu
   c. avoir vendu
   d. vend   des livres et des dessins
                                           sur les quais de la Seine.

OBJETS
PERDUS
AUX
OBJETS
TROUVÉS

I. (m/s) Complétez les phrases suivantes par des mots ou expressions du texte 5 A:

a. C'est la première fois que je vois une robe comme ça. Elle est vraiment très (1).
b. Il est entré le doigt sur la bouche. Il avait l'air (2).
c. Elle avait tellement peur, qu'elle courait à toutes (3).
d. Si tu veux retrouver tes affaires, prends l'habitude de les (4).
e. J'ai froid aux mains. Pourrais-tu me passer mes (5)?
f. Si tu veux savoir à quelle heure ton train part, adresse-toi à la gare au (6) des renseignements.
g. J'aimerais avoir une maison comme ça. Je serais heureux d'en être le (7).
h. Nous prendrons le café debout au (8), ça ira plus vite.
i. Je sais ce qu'il y a dans ce portefeuille. C'est bien la (9) qu'il est à moi.
k. Un vendeur: Vous trouverez de nombreux manteaux au (10) de la femme.

II. (m/s) Remplacez les mots ou expressions en italique[1] par des mots ou expressions de même sens:

a. Il ne sait même pas que Paris est *la plus grande ville française.*
b. La famille Lebrun part *tous les ans* sur la Côte.

---

[1]) en italique = in Schrägdruck

5

   c. *Beaucoup de Français* mangent plus d'une fois par semaine le célèbre «bifteck-frites».

   d. Autrefois, il a vendu des journaux *dans la rue*.

   e. *J'ai bien vu* que sa marchandise n'était pas tout à fait fraîche et je n'ai rien voulu acheter.

   f. Quand il était jeune, Papa a parcouru toute la France à *bicyclette*.

   g. Avant de partir, les invités ont remercié *encore une fois* Madame Arnaud de son excellent dîner.

   h. L'employé m'a *remis* le portefeuille que j'avais perdu la veille dans le métro.

   i. Le voleur a pris la serviette sans savoir ce qu'il y avait *dedans*.

   k. Il voulait savoir si je t'avais prêté de l'argent. Je lui ai répondu que *ce n'était pas son affaire*.

III. (m/s) Répondez aux questions suivantes:

   a. Où faut-il s'adresser quand on perd quelque chose à Paris?

   b. Qu'est-ce qu'il y avait autrefois rue des Morillons?

   c. Quels renseignements est-ce que les objets trouvés peuvent donner aux employés de la rue des Morillons?

   d. Pourquoi est-ce que si peu d'objets retrouvent leur propriétaire?

   e. Pourquoi est-ce que certains objets sont étiquetés en rouge, et d'autres en blanc, en jaune ou en vert?

   f. Pourquoi est-ce que l'employé demande au monsieur ce qu'il y avait dans son portefeuille?

   g. Où faut-il s'adresser quand on perd quelque chose au bureau des objets trouvés?

IV. (m)

A qui est ce chapeau? C'est à vous? – Non, *ce n'est pas le mien*. A qui sont ces clés? C'est à eux? – Oui, *ce sont les leurs*.

   a. A qui est ce livre? C'est à lui? – Non, ...

   b. A qui est ce chemisier? C'est à toi? – Oui, ...

   c. A qui sont ces bijoux? C'est à toi? – Oui, ...

   d. A qui est ce verre? C'est à moi? – Non, ...

   e. A qui sont ces lunettes? C'est à elle? – Oui, ...

f. A qui sont ces valises? C'est à nous? – Non, ...
g. A qui est cette voiture? C'est à lui? – Non, ...
h. A qui sont ces boucles d'oreille? C'est à elles? – Non, ...
i. A qui est cette caméra? C'est à elle? – Oui, ...

5

V. (m/s) Traduisez:

a. Die Adresse des Fundbüros ist eine der berühmtesten (Adressen) in Paris.
b. Man findet dort seltsame Gegenstände wie ein Gebiß, das in einem Hotel vergessen wurde, oder eine Beinprothese, die in den «Halles» gefunden wurde.
c. Jeden Tag drängen sich 400 Leute vor den Schaltern.
d. Einem Angestellten, der fragt, was in seiner Brieftasche drin ist, sagt ein Herr: «Das geht Sie nichts an.»

VI. (m/s) M. Lebrun s'adresse au bureau des objets trouvés. Imaginez les questions que lui pose l'employé.

M. Lebrun: Bonjour Monsieur.
a. L'employé: . . . .
M. Lebrun: Mon portefeuille.
b. L'employé: . . . .
M. Lebrun: Noir.
c. L'employé: . . . .
M. Lebrun: Mon passeport et de l'argent.
d. L'employé: . . . .
M. Lebrun: 100 francs.
e. L'employé: . . . .
M. Lebrun: Lebrun, Robert Lebrun.
f. L'employé: . . . .
M. Lebrun: 35, rue de Rivoli.
g. L'employé: . . . .
M. Lebrun: J'étais dans l'autobus quand je m'en suis rendu compte.

6

I. (m/s) Complétez les phrases suivantes par des mots ou expressions du texte 6 A:

a. Si tu veux, on peut rester pour revoir le début du film. C'est un cinéma (1).
b. Je n'ai pas tout compris, seulement le sens (2).
c. Après la grève, le patron a dû (3) le salaire de ses employés.
d. Son travail n'est pas compliqué. Ça (4) à répondre au téléphone de temps à autre.
e. Nous irons à Paris. Nous l'avons décidé d'un commun (5).
f. Toute la nuit, ils ont fait tant de bruit, qu'ils m'ont (6) de dormir.
g. Elle a un joli bijou (7) coeur.
h. Je ne mangerai pas. Je n'ai pas faim et (8) je n'aime pas ce plat.
i. Il ne boit pas de vin, car le médecin lui a demandé de (9) l'alcool.
k. Gisèle aime le fromage. Donne-lui la plus grosse (10) de camembert.

II. (m/s) Dites le contraire

a. La pluie *continue*.
b. Tu es *libre* de rester à la maison.
c. Il lui a donné 1 F *en moins*.
d. Pour eux, les années *passées* sont toujours les plus belles.
e. Elle a noté une *augmentation* du prix des fruits.

f. Il *ajoute* quelques lignes à la lettre.

g. Papa s'intéresse surtout à la politique *intérieure*.

h. Dans *l'ancien* menu, le vin est *moins bon*.

6

III. (m/s) Répondez aux questions suivantes:

a. En quoi consistent les nouveaux menus à prix fixe?

b. Dans quel but est-ce qu'on a lancé cette opération?

c. Comment est-ce que le client peut savoir si un restaurant offre un «menu prix fixe»?

d. Pourquoi est-ce que cette initiative obtient un aussi grand succès?

e. Est-ce que le «menu prix fixe» permet au client de choisir ce qu'il veut boire?

f. Quelle est la différence entre le menu «vin et service compris» et le nouveau «menu prix fixe»?

g. Comment est-ce que les restaurants peuvent devenir plus chers, même si les prix ne bougent pas?

IV. (m/s) Choisissez parmi les adjectifs de la liste 6 B:

a. Voudriez-vous être assez (1) de fermer la fenêtre.

b. Il bout de colère et il est (2) de tout casser dans la maison.

c. La lumière est trop (3) pour pouvoir lire.

d. Il aime mieux la musique moderne que la musique (4).

e. On peut toujours s'adresser à cet hôtel pour savoir s'il y a encore une chambre (de) (5).

f. Je peux venir avec toi? – Je regrette, mais ce n'est pas (6), car je n'ai plus de place dans la voiture.

g. Je ne sais pas si ce plat plaira à Madeleine: elle est très (7).

h. Si ma lettre n'est pas arrivée, c'est parce que tu ne m'as pas donné ton adresse (8).

i. Nous avons mis très peu de temps pour venir. Nous avons pris un train (9)

k. Cette soupe n'a aucun goût. Elle est vraiment (10).

6

V. (m) Complétez l'histoire en utilisant les mots et expressions suivants:

trou perdu, coin, rares, entrent, élevée, œufs, préparer.

Deux Américains, un monsieur et une dame, passent dans un petit (1) de Bretagne. Ils (2) dans le seul restaurant du (3) et demandent au patron de leur (4) une omelette au fromage.

Le repas fini, l'addition semble (5) à l'Américain, qui demande au restaurateur:

— Dites-moi, est-ce que les (6) et le fromage sont si (7) dans votre pays?

— Mais non, Monsieur, ce qui est rare . . . ce sont les Américains!

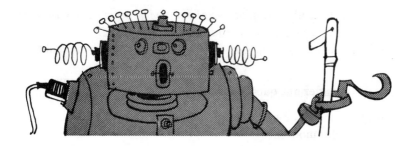

7

I. (m/s) Complétez les phrases suivantes par des mots ou expressions du texte 7 A:

a. Chaque année les musées de Paris reçoivent un grand nombre de (1).
b. Si tu veux faire un gâteau, tu ne peux pas te (2) d'œufs.
c. Dans le train on a (3) mon billet deux fois.
d. Avant d'acheter cet appareil, j'aime mieux prendre l'(4) d'un spécialiste.
e. Il lit le journal tous les jours: il suit tous les (5) politiques.
f. Ce collier a une grande valeur. Ce sont des perles (6).
g. Chaque fois que je veux lui expliquer quelque chose, il se (7) à rire.
h. Robert apprend le francais depuis trois ans. Pourtant, il n'a pas été (8) de se débrouiller pendant son voyage à Paris.
i. Il n'a pas voulu m'acheter ces livres: ils sont en trop mauvais (9).
k. Je ne sais pas comment tu peux lire avec ce mauvais (10).
l. Avec son (11), cet artiste doit réussir.

II. (m/s) Remplacez les mots ou expressions en italique par des mots ou expressions de même sens:

a. Madeleine *ne* fait *pas souvent* les courses.
b. *Je peux* porter ces deux grosses valises jusqu'à la gare.
c. Tante Henriette m'a *averti(e)* que son train aurait du retard.
d. *L'appartement de la concierge* se trouve presque toujours dans les premiers étages de l'immeuble.
e. Les voleurs partis, les vendeuses *ont commencé* à crier.
f. *Tous les* hommes d'affaires ont l'habitude des voyages.
g. Je ne suis pas assez riche *en ce moment* pour t'offrir un verre.

7

h. L'employé du syndicat d'initiative *m'a donné de bons renseignements.*
i. Madame Michu a eu de *beaux cadeaux de fin d'année.*
k. Une bonne concierge doit *surveiller* les habitants de son immeuble.

III. (m/s) Répondez aux questions:

a. Pourquoi est-ce que la concierge n'a pas mis long à réapparaître dans les immeubles modernes?
b. Que font les concierges à la fin de l'année?
c. Pourquoi est-ce que le concierge de l'an 2000 est capable de tout faire sauf de monter le courrier?
d. A qui est-ce que le concierge de l'an 2000 doit son existence?
e. De qui est-ce que les matériels exposés au salon du bricolage sont généralement l'œuvre?
f. Où est-ce que le salon du bricolage a lieu?
g. Que fait le concierge électronique quand quelque chose ne va pas? Qui est-ce qu'il prévient?
h. Qui est-ce qui pourrait également se servir de lui?
i. Où est-ce qu'on pourrait aussi l'installer?

IV. (m) Choisissez les termes corrects et mettez une croix sur la lettre correspondante:

1. Dans les nouveaux immeubles on avait voulu
a. se passer
b. à se passer
c. de se passer   de concierge,

2. mais elle n'a pas mis long
a. réapparaître:
b. à réapparaître:
c. de réapparaître: en effet, elle fait partie du
                                             décor de la capitale.

3. Tous les matins, notre concierge s'occupe
a. monter
b. à monter
c. de monter   le courrier.

4. Elle aime
a. connaître
b. à connaître
c. de connaître

l'avis des habitants de l'immeuble sur tout, et elle est très aimable;

5. elle espère ainsi
a. recevoir
b. à recevoir
c. de recevoir

des étrennes.

6. Cependant elle n'ose jamais
a. demander
b. à demander
c. de demander

de l'argent, mais

7. si on ne lui donne rien, elle est capable
a. montrer
b. à montrer
c. de montrer

sa mauvaise humeur;

8. c'est pourquoi tout le monde dans l'immeuble essaye
a. être aimable
b. à être aimable
c. d'être aimable

avec elle.

V. (m/s) Traduisez:

a. Die Concierge verdankt ihre Existenz Napoleon.
b. Niemand kann ausgehen, ohne von der Concierge gesehen zu werden.
c. Man hat schon versucht, ohne sie auszukommen.
d. Der Concierge des Jahres 2000 ist nicht das Werk eines Durchschnittsfranzosen.
e. Die elektronische Concierge meldet die ersten Reparaturen, die gemacht werden müssen, und benachrichtigt die Feuerwehr.
f. In den bürgerlichen Mietshäusern hat man sie noch nicht eingerichtet.
g. Man denkt daran, gewisse Autos mit dieser elektronischen Concierge auszustatten.

7   **VI. (m/s) Mettez l'histoire suivante au discours direct:**

Monsieur Dubois passe devant la loge de la concierge, Madame Michu, et puisqu'elle est devant la porte, il lui demande très aimablement *comment va son petit dernier.* Elle lui répond *qu'il va très bien.* Il lui demande *s'il travaille bien à l'école et s'il sait lire.* Elle répond *que oui et que c'est une chance car, avec ses mauvais yeux, elle ne pourrait plus lire sans lui le courrier des habitants de l'immeuble.*

I. (m/s) Cherchez le mot qui correspond:

8

a. Aujourd'hui on est dimanche. Si on va à Paris mardi, quand est-ce que nous partirons?

b. J'ai appelé la fille de mon ami Robert «Madeleine», mais c'est la fille de Charles qui s'appelle ainsi. Qu'est-ce que j'ai fait?

c. Donnez une autre expression pour: Gisèle a une douzaine de robes.

d. René a le nez rouge. Qu'est-ce qu'il a attrapé?

e. Quand nous sommes à la mer, qu'est-ce que nous faisons le plus souvent?

f. Qu'est-ce qu'il faut organiser si nous voulons un nouveau président?

g. Nous étions 30 personnes et nous avons visité l'Italie par la route. Comment est-ce que nous avons fait ce voyage?

II. (m/s) Complétez les phrases suivantes par des mots ou expressions du texte 8 A:

a. Papa veut faire construire une maison. C'est pourquoi il a acheté un grand (1) à la campagne.

b. L'Office Franco-Allemand (2) des voyages pour tous les jeunes gens de 18 à 30 ans.

c. Quand on aime la nature, on aime vivre (3).

d. Il a gagné une bicyclette en faisant le (4) du «Figaro».

e. Papa peut tout manger: il a un bon (5).

f. Si les enfants ont peur du chien, je peux l'(6) à la cave.

g. Elles sont sœurs. Pourtant, leurs goûts sont très (7).

h. Si tu veux une chose dont tu ne connais pas le nom en français, prends une feuille de papier et essaye de la (8).

i. J'ai beaucoup aimé la (9) d'«Ornifle» à la Comédie des Champs-Elysées.

III. (m)

Georges a une belle barbe.
Pourquoi est-ce qu'il a une belle barbe?
Parce qu'il ne s'est pas rasé pendant trois semaines.

a. Pourquoi est-ce qu'il . . . .?
Parce qu'il n'avait pas le temps.

27

8

b. ....?

Parce qu'il était parti du matin jusqu'au soir.

c. ....?

Parce qu'il voulait profiter de la nature.

d. ....?

Parce qu'il travaille dans un bureau toute l'année.

IV. (s)

OFFICE FRANCO-ALLEMAND POUR LA JEUNESSE
ORGANISE PENDANT LES VACANCES
DES COURS EN FRANCE
POUR JEUNES ALLEMANDS

Vous écrivez à l'Office Franco-Allemand en tenant compte de ce qui suit:

a. Dites comment vous avez appris que l'Office Franco-Allemand organise des cours.
b. Votre fille (16 ans) apprend le français.
c. Vous demandez les dates de ces cours en France.
d. Où est-ce que ces cours ont lieu?
e. En quoi est-ce qu'ils consistent?
f. Votre fille aimerait habiter chez une famille française. Est-ce possible? Autres possibilités de logement.
g. Enfin, vous demandez le prix des différents cours.
h. Réponse rapide souhaitée.
i. Formule de politesse.

V. (m/s) Répondez aux questions suivantes:

a. Où est-ce que Georges a passé ses vacances cette année?
b. Où est-ce que se trouve Sanary-sur-Mer?
c. Par qui est-ce que le camp est organisé?
d. Combien est-ce qu'il y a de participants?
e. Quel âge ont-ils?
f. Est-ce qu'il n'y a que des Français et des Allemands?
g. Pourquoi est-ce qu'il y a eu des élections?

h. Quelles sont les activités du camp?

i. Qu'est-ce que le mistral?

k. Pourquoi est-ce que Georges a dû rester deux jours au camp?

l. Où est-ce que les jeunes gens du camp ont fait des excursions?

m. Grâce à quoi est-ce que Georges a pu goûter le vin du pays?

10

I. (m) Remplacez les mots ou expressions en italique par des mots ou expressions de même sens:

a. Notre médecin *habite* une jolie maison à la sortie de la ville.

b. Monsieur Dubois est allé *boire* une bière au café d'en face.

c. Il est souvent très agréable d'habiter dans *les environs* d'une grande ville.

d. Le dimanche, j'ai l'habitude d'aller *dormir* après déjeuner.

e. Tante Henriette *utilise* trois crèmes de beauté par jour.

f. *J'ai décidé* de gagner autant d'argent que possible.

g. *J'ai mis mon nom* au bas du dessin de Jean.

II. (m/s) Cherchez le mot qui correspond:

a. C'est le jeune homme que Charlotte va épouser. Qui est-ce?

b. Charlotte sait que son fiancé sort avec Madeleine. Qui est Madeleine pour Charlotte?

c. Si nous n'en portions pas, nous aurions froid aux pieds. Qu'est-ce que c'est?

d. Ils sont en tissu et nous dormons dedans. Qu'est-ce que c'est?

e. C'est bon et c'est une spécialité des grand-mères.
   Qu'est-ce que c'est?

f. C'est un genre de lit. Qu'est-ce que c'est?

g. Comme les concierges, ils font partie du décor parisien et si vous êtes perdu(e) dans Paris ils vous donnent des renseignements. Qui est-ce?

h. Les tables et les armoires en font partie? Qu'est-ce que c'est?

i. Charlotte ne veut pas être vue de son fiancé? Qu'est-ce qu'elle fait?
k. Si l'on veut garder plus longtemps des provisions, où les met-on?

10

III. (m/s) Répondez aux questions suivantes:

a. Chez qui Mlle Charlotte va-t-elle, quand elle apprend l'infidélité de son fiancé?
b. Qu'est-ce qu'elle fait quand elle voit les deux coupables sortir de la maison?
c. Comment est-ce qu'elle entre dans la maison?
d. Pourquoi est-ce qu'elle boit du cognac?
e. Pourquoi est-ce qu'elle ne casse pas les vitres?
f. Qu'est-ce qu'elle aime mieux casser?
g. Qu'est-ce qu'elle veut faire après avoir tout démoli?
h. Pourquoi est-ce qu'elle signe avec son bâton de rouge à lèvres?
i. Qu'est-ce qu'elle écrit sur la glace?
k. Pourquoi est-ce qu'elle a tout à coup la tête lourde?
l. Qu'est-ce qu'elle est en train de faire quand sa rivale rentre à la maison?
m. Que fait cette dernière quand elle voit le chaos?

IV. (m/s) Traduisez:

a. Nachdem sie die Untreue ihres Verlobten erfahren hat, beschließt Mlle Charlotte, sich zum Tatort zu begeben.
b. Sie wartet auf die zwei Schuldigen, die Arm in Arm ausgehen.
c. Sie trinkt mehrmals Cognac und fängt an, die Einrichtung zu zerstören.
d. Sie will die Fensterscheiben nicht einschlagen, denn es würde zu viel Lärm machen.
e. Sie leert den Kühlschrank und wirft die ganzen Vorräte auf das Parkett.
f. Da sie keine Kreide zur Hand hat, kommt sie auf den Gedanken, mit ihrem Lippenstift zu schreiben.
g. Sie hat auf einmal einen schweren Kopf und beschließt, sich auszuruhen.
h. Als ihre Rivalin zurückkommt, schläft sie fest.

31

10 V. (m/s)

Il est sorti sans fermer la porte derrière lui. – Ce n'est pas vrai, *il l'a fermée avant de sortir.*

a. Il est allé au théâtre sans mettre de cravate. – . . . .
b. Il est passé devant elle sans s'excuser. – . . . .
c. Elle est montée dans le train sans prendre de billet. – . . . .
d. Il est allé en France sans apprendre le français. – . . . .
e. Elle a écrit à la direction de personnel sans lire l'annonce. – . . . .
f. Elle est partie sans lui dire où elle allait.

I. (m/s) Complétez les phrases suivantes par des mots ou expressions du texte 11 A: **11**

a. Une jolie femme arrive toujours en retard à un (1).
b. L'agent de police a (2) l'enfant chez ses parents.
c. Le quatorze Juillet, on (3) dans les rues de Paris.
d. Il s'est blessé en réparant la voiture d'un client. C'est un (4) du travail.
e. Sans dire un mot on peut toujours se comprendre par (5).
f. Avec ce grand chapeau à fleurs elle a l'air (6).
g. Je ne pourrais pas vivre seule sur une île déserte. J'aime trop la (7) pour cela.
h. C'est un ami des animaux. C'est pour ça qu'il est contre la (8).
i. C'est un (homme) faible qui se laisse (9) par sa femme.
k. Tout ce qui (10) n'est pas or.

II. (m/s) Remplacez les mots ou expressions en italique par des mots ou expressions de même sens:

a. Les femmes *aiment mieux* les hommes grands.
b. Elle a des manières qui *ne me plaisent pas*.
c. Il m'a *dit* mille fois qu'il m'aimait.
d. *Il n'a pas l'air intelligent.*
e. *Les boissons* ne sont pas comprises.
f. Elle n'a pas hésité à faire de *nouveaux achats*.
g. Je *voudrais* une chambre avec douche.
h. Pourriez-vous me donner l'heure *précise*?

III. (m/s)

Est-ce que vous avez de l'argent?
Il faut que vous ayez de l'argent.

a. Est-ce que tu as la clé? – ....
b. Est-ce que nous avons un plan de Paris? – ....
c. Est-ce qu'elle a son livre de français? – ....
d. Est-ce qu'ils ont le téléphone? – ....
e. Est-ce que vous avez vos lunettes? – ....
f. Est-ce qu'il a une voiture? – ....

11

IV. (m/s)

Elle ne veut pas donner de renseignements. – Pourtant il faut qu'elle en donne.

a. Elles ne veulent pas finir le travail. – . . . .
b. Elle ne veut pas écrire à son oncle. – . . . .
c. Il ne veut pas rendre le livre. – . . . .
d. Ils ne veulent pas écrire de cartes postales. – . . . .
e. Elle ne veut pas donner sa date de naissance. – . . . .
f. Elle ne veut pas rendre les bijoux. – . . . .

V. (m)

Il aime travailler la nuit. – Mais ses employés aiment-ils travailler la nuit aussi?

a. Ils sont de Paris. – Mais les Arnaud . . . .
b. Robert va réussir. – Mais Jean . . . .
c. Elle apportera des fleurs. – Mais les Lebrun . . . .
d. Ils descendront à l'Hilton. – Mais René . . . .
e. Les enfants prendront du lait. – Mais les parents . . . .
f. La Côte d'Azur a beaucoup de touristes. – Mais la Bretagne . . . .

VI. (m) Mettez les verbes entre parenthèses à la personne convenable du présent:

Organisée

A la sortie de la mairie, une jeune fille (lâcher) brusquement le bras de son jeune mari, (sortir) d'un sac une liste de courses à faire, y (faire) une croix avec un tout petit stylo et (dire) à voix forte:
– Bon! Eh bien maintenant . . . à la chose suivante.

I. (m/s) Cherchez le mot qui correspond:

a. Je suis en ville, mais je n'ai pas le temps de faire un vrai déjeuner. Qu'est-ce que je mange?

b. Avant de prendre le train, j'achète un billet; et avant de prendre le métro?

c. C'est plus large qu'une rue. Qu'est-ce que c'est?

d. Avec les gâteaux et le chocolat c'est la chose que les enfants aiment le plus. Qu'est-ce que c'est?

e. On les trouve en boîte et quelqu'un qui fume ne peut pas s'en passer.

f. Leur *auto* est tombée en panne.

g. Si vous l'appelez comme ça, l'agent de police de votre quartier ne sera pas très content.

h. Ils sont en tissu et sont très utiles quand on a attrapé un rhume.

II. (m/s) Dites le contraire d'après le modèle:

Il a mis un pantalon *neuf* pour aller travailler. – A sa place, j'aurais mis un pantalon *usé*.

a. Quand il a appris qu'elle partait, il est devenu *gai*. – . . . .

b. Il est venu la prendre chez elle avec une voiture *sale*. – . . . .

c. Quand elle a annoncé son mariage à son ancien fiancé, il a été *heureux*. – . . . .

d. Elle a donné à sa rivale des renseignements *exacts*. – . . . .

e. Elle a acheté une chambre à coucher *moderne*. – . . . .

12

III. (m/s) Répondez aux questions suivantes:

a. Pourquoi est-ce que les corbeilles à papier de Paris sont tristes?
b. Pourquoi est-ce que les gens font mine de chercher une corbeille avant de jeter leurs papiers sur le trottoir?
c. Pourquoi est-ce que la vieille dame ne veut pas ouvrir le couvercle de la corbeille?
d. Avec quoi est-ce que l'agent de police a assez de travail?
e. Que devraient faire les gens qui jettent leurs papiers dans la rue, d'après la loi?

IV. (m/s) Complétez les phrases suivantes par des mots ou expressions du texte 12 A:

a. J'ai donné à Madeleine la vieille robe dont je ne voulais plus pour m'en (1).
b. Je suis fatigué. Je n'ai pas du tout (2) de sortir ce soir.
c. Essayez. Qui ne (3) rien n'a rien.
d. Il (4) d'après nature.
e. Nous vous attendons au café et puisqu'il fait beau, nous nous assiérons à la (5).
f. Vous pouvez aller jouer dehors, les enfants, mais attention de ne pas (6) vos vêtements, car je n'ai pas le temps de laver demain.
g. Il est rentré sain et (7) de son long voyage.
h. On voit que tu as passé deux mois à la montagne, tu as vraiment bonne (8).

V. (m/s)

Il dit qu'il veut finir son travail. – Je ne crois pas qu'il finisse son travail un jour.

a. Elle dit qu'elle veut aller en France. – . . . .
b. Il dit qu'il veut venir à Beaulieu. – . . . .
c. Il dit qu'il veut avoir sa propre maison. – . . . .
d. Il dit qu'il veut être médecin. – . . . .
e. Elle dit qu'elle veut faire des voyages. – . . . .
f. Elle dit à Gisèle qu'elle veut lui rendre son livre. – . . . .

VI. (m/s)   **12**

Il m'a demandé d'aller à la chasse avec lui. – Il serait content que j'aille à la chasse avec lui.

a. Il nous a demandé d'aller nous promener avec lui. – . . . .
b. Ils t'ont demandé d'aller au théâtre avec eux. – . . . .
c. Nous avons demandé à Philippe d'aller chercher René à la gare. – . . . .
d. Elle lui a demandé d'aller faire les courses avec elle. – . . . .
e. J'ai demandé à Robert d'aller jouer dans le jardin. – . . . .
f. Elles vous ont demandé d'aller à Cologne avec elles. – . . . .

13

I. (m/s) Remplacez les mots ou expressions en italique par des mots ou expressions du texte 13 A de même sens:

a. Même *dans le centre* de Paris, vous trouverez des arbres et des jardins.
b. Je suis *étonné* que tu aies encore faim après tout ce que tu as mangé.
c. Je n'ai pas eu *la chance* de rencontrer la grande vedette, Melinda Mirel.
d. Il aime la bière. *Il aime en particulier* la bière de Munich.
e. Juliette *est comme* Thérèse: c'est une maniaque de l'ordre.
f. Mlle Charlotte avait décidé de démolir *le mobilier* de sa rivale.
g. Elle croit être le centre *du monde*.
h. Il faisait si sombre qu'il m'a *conduit par la main* jusqu'à la porte.
i. *Il fait ce que je fais.*

II. (m/s) Cherchez le mot qui correspond:

a. Grâce à l'aspirateur elle disparaît des appartements. Qu'est-ce que c'est?
b. Ça consiste à vendre des meubles et des objets anciens. Quel est ce métier?
c. Celui de Versailles est le plus célèbre de France.
d. Ils durent cent ans.
e. Ils sont plus confortables que les chaises.
f. On en parle souvent dans les histoires pour enfants. Ils consistent en bijoux et en pièces d'or. Qu'est-ce que c'est?
g. Ils écrivent, ils peignent, ils chantent, ils dansent . . . et les vrais ont toujours du talent. Qui sont-ils?
h. C'est un meuble; c'est aussi un métier.

III. (m/s) Répondez aux questions:

a. Qu'est-ce que «Rémy»?
b. Où est-ce que se trouve cette boutique?
c. Quels sont les meubles qu'on peut y acheter?
d. Comment est-ce que ces meubles sont réalisés?
e. Quel est le genre de meubles que les Parisiens préfèrent?
f. A quoi est-ce que le Parisien veut que son appartement ressemble?
g. Où est-ce que se trouvent les magasins de meubles modernes?
h. Pourquoi est-ce que peu de gens seulement ont de vrais Louis?

IV. (m) Chez le marchand de meubles: **13**

a. Le vendeur: . . . .
   Le client: Je voudrais une table.
b. Le vendeur: . . . .
   Le client: Ronde.
c. Le vendeur: . . . .
   Le client: Dans la salle à manger.
d. Le vendeur: . . . .
   Le client: Nous sommes quatre.
e. Le vendeur: . . . .?
   Le client: en style de Louis XV.
f. Le vendeur: . . . .?
   Le client: Moi aussi je regrette. On m'avait pourtant dit que vous faisiez[1] tous les styles. Au revoir, Monsieur.

V. (m/s)

Je vois l'Opéra. – Et la Madeleine? – La Madeleine, je la vois aussi.
Robert sait conduire. – Et Philippe? – Philippe, il sait conduire aussi.

a. J'apprends l'anglais depuis deux ans. – Et le français? –
b. J'ai acheté le manteau noir. – Et la robe rouge? –
c. Liliane peut venir. – Et les Dubois? –
d. J'aime la France. – Et l'Italie? –
e. Jean se dépêche. – Et Juliette? –
f. J'ai rencontré les Jolivet chez Tante Henriette. – Et les Dubois? –
g. J'aime les vêtements longs. – Et les vêtements courts? –

---

[1] faire = hier: führen

14

I. (m/s) Remplacez les mots ou expressions en italique par des mots ou expressions du texte 14 A de même sens:

a. *Ce restaurant* est connu pour ses spécialités italiennes.
b. Les speakers ont l'habitude de poser des questions à des *personnes importantes*.
c. Garçon! Il y a une demi-heure que je vous ai *demandé* une bière.
d. Le roi Baudoin de Belgique est descendu à l'hôtel Hilton *sans dire qui il était.*
e. Les Rivet ont un *très grand* appartement.
f. Elle se plaint *sans arrêt.*
g. Les renseignements du syndicat d'initiative *intéressent* plus les touristes que les gens du coin.
h. Je préfère *contrôler* si la porte est bien fermée à clé.

II. (m/s) Cherchez le mot qui correspond:

a. Avec quoi est-ce que vous coupez votre viande?
b. Avec quoi est-ce que vous la mangez?
c. Et avec quoi est-ce que vous mangez votre soupe?
d. Madame Jolivet a lavé son linge, et il est presque sec. Qu'est-ce qu'elle doit faire maintenant?
e. La nuit, on les voit parfois briller dans le ciel. Qu'est-ce que c'est?
f. 476 et 25 en sont. Qu'est-ce que c'est?
g. C'est lui qui est responsable de la cuisine d'un restaurant. Qui est-ce?
h. C'est la chose la plus difficile à préparer en cuisine. Elle se mange avec la viande et les légumes. Qu'est-ce que c'est?

i. Il y en a qui travaillent dans la police et d'autres qui contrôlent les hôtels et les restaurants de France.

III. (m) Choisissez la réponse correcte et mettez une croix sur la lettre de la bonne réponse:

1. Le concours de dessin a eu un grand succès: il y avait plus de cent
   a. responsables
   b. participants

2. Juliette est suivie
   a. à son chien
   b. de son chien

3. Le voleur est suivi
   a. par la police
   b. de la police

4. Papa est arrivé
   a. avec le bateau
   b. par le bateau   de cinq heures.

5. Il n'est pas poli de tourner
   a. le dossier
   b. le dos   à quelqu'un.

6. Je vous remercie de votre cadeau;
   a. je suis très touché.
   b. je n'y ai pas touché.

IV. (m/s) Répondez aux questions:

a. En quoi est-ce que consiste le rôle des inspecteurs du guide Michelin?
b. Combien d'établissements est-ce que les inspecteurs visitent par jour?
c. Qu'est-ce qu'ils font pour voir s'il y a eu un changement dans un restaurant?
d. Est-ce qu'ils ne contrôlent que la qualité de la cuisine?
e. Qu'est-ce qu'on fait quand plusieurs personnes se plaignent de la même maison?

14

f. Qu'est-ce qui touche le Français moyen plus que les trois étoiles?

g. Est-ce qu'il y a beaucoup de restaurants où l'on mange bien pour 17 F tout compris?

V. (m/s) Traduisez:

a. Wenn sich mehrere Kunden über ein Restaurant oder ein Hotel beschweren, beginnt der Guide Michelin eine Untersuchung.

b. Die Inspektoren gehen in die Restaurants, bestellen ein Gericht und bezahlen dafür.

c. Sie wissen bald, ob eine Veränderung eingetreten ist.

I. (m/s) Complétez les phrases suivantes par des mots ou expressions du texte 15 A:

a. Ils sont descendus à l'Hilton. Ils sont (1) aux grands hôtels.
b. Au mois d'août tous les Français sont sur les routes, et à Paris il n'y a que des (2).
c. Elle a décidé de chercher du travail ailleurs, si son patron ne l'(3) pas le mois prochain.
d. J'irais bien à la campagne dimanche prochain, mais ça (4) du temps qu'il fera.
e. J'ai été appelé toute la journée. J'ai reçu cinq (5) aujourd'hui.
f. Attendons encore un ou deux jours avant de manger ces fruits; ils ne sont pas tout à fait (6).
g. Je n'irais jamais seul dans un pays dont je ne connais pas la (7).
h. Après tout ce que j'ai mangé, j'ai (8) de dire que j'ai encore faim.
i. Un petit garçon poli ne doit jamais (9) la langue.
k. Gisèle habite dans un trou perdu. Mais elle a au moins l'(10) de vivre au milieu de la nature.

II. (m/s) Dites le contraire:

a. Le garçon a *accepté* le pourboire.
b. Le fonctionnement de cette machine est très *simple*.

15

c. Auriez-vous *perdu* un parapluie noir?

d. C'est la *dernière* fois que je passe mes vacances en Bretagne.

e. Quand nous sommes arrivés la salle était *vide*.

f. Elle prend le métro le *moins possible*.

III. (m/s) Répondez aux questions:

a. Avec qui est-ce que le syndicat des employés de maison vient de signer un accord?

b. Quel a été le résultat de cet accord?

c. Pourquoi est-ce que l'employeur est prêt à tout pour garder une employée de maison?

d. Pourquoi est-ce que certains employeurs accordent des avantages aux employées de maison françaises?

e. Pourquoi est-ce que les étrangères viennent travailler en France?

f. Qu'est-ce qu'elles ont pour but?

g. Quel est aujourd'hui le tarif d'une femme de ménage?

h. De quoi est-ce que le salaire d'une employée de maison dépend aussi?

IV. (s)

> Cherchons jeune fille au pair pour s'occuper de notre fils (7 ans) pendant les vacances d'été. S'adresser à Monsieur Lebrun, 65 av. de la Libération, 14 Caen.

Vous écrivez à M. Lebrun:

a. Dites comment vous avez appris que M. Lebrun cherchait une jeune fille au pair.

b. Indiquez votre nationalité et votre âge.

c. Vous êtes déjà partie au pair. Dites où, quand et combien de temps. Age des enfants.

d. Vous êtes libre du . . . au . . .

e. Salaire.

f. Formule de politesse.

V. (m)

Juliette Dubois, une employée de maison qui cherche du travail, téléphone à Mme Rivet qui a mis une annonce dans un journal. – **Essayez de trouver les questions que lui pose Mme Rivet.**

Juliette:	Allô, Madame Rivet?
a. Mme Rivet:	. . . .
Juliette:	Je vous téléphone à propos de l'annonce.
b. Mme Rivet:	. . . . ?
Juliette:	Juliette Dubois.
c. Mme Rivet:	. . . .?
Juliette:	20 ans.
d. Mme Rivet:	. . . .?
Juliette:	Oui. Chez M. et Mme Arnaud, rue de Rivoli.
e. Mme Rivet:	. . . .?
Juliette:	Un an.
f. Mme Rivet:	. . . .?
Juliette:	Parce que ma patronne refusait de m'augmenter.
g. Mme Rivet:	. . . .?
Juliette:	900 francs, pas moins.
h. Mme Rivet:	. . . .?
Juliette:	Oh . . . le plus tôt possible!

VI. (m) Mettez au discours direct:

Une dame fait un numéro de téléphone. Elle attend un peu, puis un monsieur répond. Allô dit le monsieur. Allô répond la dame et elle lui demande s'il est bien 707 2757. Le monsieur lui répond que pas du tout, qu'il est 705 2757. La dame demande au monsieur de l'excuser de l'avoir dérangé. Le monsieur, qui est très poli, lui répond qu'elle ne l'a pas du tout dérangé; son téléphone sonnait justement.

16

I. (m/s) Complétez les phrases suivantes par des mots ou expressions du texte 16 A:

a. Il a parlé si longtemps que je me suis endormi au milieu de son (1).
b. Tu seras sûrement invité chez les Arnaud. Tu leur as fait très bonne (2).
c. Gisèle a peur de rentrer seule la nuit: Les rues de son quartier sont mal (3).
d. C'est un bon instituteur. Il est dans l'(4) depuis 30 ans.
e. Les rêves sont souvent plus beaux que la (5).
f. Elle lit beaucoup. Elle est très (6).
g. Avant d'aller jouer, finis tes (7).
h. Pourquoi les enfants aiment-ils tant ce livre? C'est surtout parce qu'il y a de très belles (8).
i. Si tu ne peux pas supporter le soleil, mets-toi à l'(9).
k. Regarder la télévision est un (10) comme les autres.

II. (m/s) Remplacez les mots ou expressions en italique par des mots ou expressions de même sens:

a. Je connais un *bon moyen* pour guérir le rhume.
b. Juliette *remplacera* la secrétaire de Monsieur Lebrun.
c. Comprendre une langue étrangère, c'est plus *facile* que de la parler.
d. Il est arrivé à *midi environ.*

e. Cet artiste a un *immense* talent.
f. Il vient tous les jeudis. – *C'est-à-dire que* tu le vois au moins quatre fois par mois.
g. *Un grand nombre* de gens préfèrent la cuisine française.
h. Il est venu me voir pour *passer* le temps.

III. (m/s) Répondez aux questions suivantes:

a. Qu'est-ce qui revient dans les conversations entre gens cultivés?
b. Quel est le rôle joué par les speakerines à la télévision?
c. Comment est-ce qu'elles traitent les téléspectateurs?
d. Comment est-ce qu'on peut tuer deux heures facilement?
e. Quelles sont les émissions préférées du téléspectateur moyen?
f. Pourquoi est-ce que, en l'an 2000, les gens n'auront plus besoin d'apprendre à lire?
g. Quand est-ce qu'il sera plus facile de gouverner les Etats?

IV. (m) Posez la question à laquelle répond le ou les mots en italiques:

Il parle *haut.* – Comment est-ce qu'il parle?
Elle a entendu dire *que les prix allaient augmenter.* – Qu'est-ce qu'elle a entendu dire?

a. *Tourner un bouton,* c'est facile. – . . . . ?
b. Elle est allée au cinéma *dans son quartier.* . . . . ?
c. *Hier,* il y avait une pièce policière à la télévision. – . . . . ?
d. Il n'aime pas la télévision *parce que* ça rend les gens bêtes. – . . . . ?
e. Il a pris la place *de son propre patron.* – . . . . ?
f. Le roi Louis XIV a gouverné la France *plus de cinquante ans.* – . . . . . . ?
g. Elle a parlé *franchement.* – . . . . ?
h. Il est parti *vers six heures.* – . . . . ?

V. (m) Complétez les phrases en utilisant les adverbes suivants:

seulement, exactement, infiniment, absolument, parfaitement, largement, formellement, vraiment.

a. Nous avons lui et moi (1) le même âge.
b. Elle a (2) dépassé l'âge de porter une mini-jupe.

16

c. Elle ne joue pas (3) au tennis, elle fait aussi du ski.
d. Je suis (4) sûr qu'elle m'a menti.
e. Mon poste de télévision fonctionne (5) bien.
f. Je vous remercie (6) de votre aide.
g. Tu n'as (7) pas de chance!
h. Je l'ai (8) reconnu.

I. (m/s) Cherchez le mot qui correspond:

a. Brigitte a passé un mois chez sa correspondante française Nicole. Ensuite Nicole est allée en Allemagne chez Brigitte. Qu'est-ce que les deux jeunes filles ont fait?

b. Les Jeux Olympiques ont rendu celui de Munich célèbre. Qu'est-ce que c'est?

c. Tous les jardins en Angleterre en ont une qui reste verte en toute saison.

d. Il y a des restaurants dans lesquels on ne trouve ni serveuses ni garçons. Comment est-ce qu'on les appelle?

e. Ce sont des groupes dont les membres ont des intérêts communs.

f. C'est la direction que prennent la plupart des gens qui partent en vacances.

g. Une employée de maison qui quitte une place en a besoin de bons pour trouver du travail ailleurs. Qu'est-ce que c'est?

II. (m/s) Complétez les phrases suivantes par des mots ou expressions du texte 17 A:

a. Je lui ai raconté ce qui s'était passé, mais sans lui donner de (1).

b. L'institutrice a emporté chez elle beaucoup de devoirs à (2).

c. Il se sent seul dans cette ville étrangère et il recherche les (3).

d. Tous mes (4) de bonheur.

e. Le menu (5) un hors-d'œuvre et un plat.

f. Avant de commencer à travailler il a dû faire un (6) de six mois.

g. Un bon ouvrier ne peut pas se passer de ses propres (7).

h. Si tu veux mieux la connaître, tu devrais lui (8) d'aller au cinéma ce soir.

III. (s) Vous écrivez une lettre:

Vous organisez un camp de jeunes pendant les prochaines vacances d'été. Vous écrivez à la maison «Sport pour tous», car vous avez besoin de différents articles de sport et de matériel de camping.

a. La maison «Sport pour tous» vous a été recommandée.

b. Indiquez les articles dont vous avez besoin.

17

    c. Vous demandez le catalogue[1] avec les prix.
    d. Vous désirez être livré le plus tôt possible.
    e. Réponse rapide souhaitée et formule de politesse.

IV.

> Cherchons famille allemande pour recevoir notre fille pendant les vacances. S'adresser à M. et Mme Arnaud, 16 avenue de Strasbourg, 54 Nancy.

Vous écrivez à M. Arnaud.

    a. Vous vous référez à son annonce du. . . . parue dans . . .
    b. Votre fille (16 ans) apprend le français.
    c. Dates des vacances en Allemagne.
    d. Proposez des dates pour l'échange.
    e. Proposez un logement.
    f. Formule de politesse.

V. (m/s) Traduisez:

    a. Wir sind Ihnen für Ihre Hilfe dankbar.
    b. Durch den Austausch werden die jungen Leute falsche Vorstellungen berichtigen und Erfahrungen machen können.
    c. Die Teilnehmer haben einige Pläne vorgeschlagen, die fast allen Wünschen gerecht werden.
    d. Alle Mitglieder der Gesellschaft müssen eine Prüfung ablegen, um an der Reise teilnehmen zu können.

---

[1]) le catalogue = der Katalog

I. (m/s) Remplacez les mots ou expressions en italique par des mots ou expressions de même sens:

a. Il est plus intelligent qu'on ne *croit*.

b. Jean a demandé *à Madeleine de l'épouser*.

c. Ce que tu me dis là n'est pas très *agréable* à entendre.

d. Nous avons passé *de bonnes vacances* à Nice.

e. Il est resté quinze jours sans *aucun contact* avec l'extérieur.

f. Acceptez ce *petit* cadeau.

g. Il vient de *trouver* une jolie maison à vendre.

h. Il m'a *téléphoné* quand je n'étais pas là.

II. (m/s) Cherchez le mot qui correspond:

a. Elle monte quand on est malade. Qu'est-ce que c'est?

b. C'est le contraire de beau.

c. Mille millions.

d. On en voit beaucoup dans les films américains.

e. Thérèse reçoit la mère de son mari. Qui est-ce qu'elle reçoit?

f. Trouvez un autre mot pour: beau-fils.

g. Il dit que ses parents étaient des gens très modestes. De quoi est-ce qu'il parle?

h. C'est un examen que l'on passe à 18 ou 19 ans.

III. (m/s) Répondez aux questions:

a. Pourquoi est-ce que les parents d'une jeune fille riche ne tiennent pas à ce que leur fille épouse un homme d'origine modeste?
b. Que promet la jeune fille au jeune homme?
c. Est-ce que c'est seulement parce que la jeune fille est riche que le jeune homme veut l'épouser?
d. Dans quel but précis le jeune homme part-il en Amérique du Sud?
e. Pourquoi est-ce que son séjour en Amérique n'est pas plaisant?

IV. (m/s)

Tu leur as offert le portefeuille? – Si, je le leur ai offert.

a. Tu lui as vendu ta voiture? – ....
b. Tu leur as expliqué la leçon? – ....
c. Tu leur as confirmé ta visite? – ....
d. Tu leur as apporté les journaux? – ....
e. Tu lui as donné les clés? – ....
f. Tu lui as raconté l'histoire? – ....

V. (m)

Eve ne veut pas m'épouser.
Pourquoi est-ce qu'elle ne veut pas t'épouser? Parce que je suis pauvre.

a. Pourquoi est-ce que tu ....?
   Parce que je suis étudiant.
b. ....?
   Parce que je veux devenir journaliste.
c. ....?
   Parce que je veux voir du pays.
d. ....?
   Parce que je veux oublier Eve.
e. ....?
   Parce qu'elle ne veut pas m'épouser.

20

I. (m/s) Complétez les phrases suivantes par des mots ou expressions du texte 20 A:

a. Elle a acheté un chapeau pour se (1) du soleil.
b. Il était si content de me voir qu'il m'a sauté au (2).
c. Avant de partir, maman m'a fait mille (3).
d. Il m'a écrit une longue lettre de six (4).
e. Le voleur a été (5) par la police.
f. Savoir acheter à des prix intéressants, c'est la qualité (6) d'une bonne ménagère.
g. Toutes mes félicitations pour ta (7) au bac.
h. Pense à toi-même. Ne te (8) pas des autres.
i. Papa a acheté un vélomoteur à Robert mais à moi, il n'a rien offert: ce n'est pas (9).
k. Heureusement, tu savais nager: tu m'as (10) la vie.

II. (m/s) Cherchez le mot qui correspond:

a. On les entend sonner surtout le dimanche.
b. Trouvez un autre mot pour: agent de police.
c. Ce sont les animaux qui donnent le lait.
d. Grâce à quel instrument est-ce qu'on peut connaître la pression de l'air?
e. Il comprend une cuiller et une fourchette. Qu'est-ce que c'est?
f. Trouvez un autre mot pour: renseignement.
g. Trouvez un autre mot pour: paysan.

20 III. (m/s) Posez la question à laquelle répondent les mots en italique:

Les agriculteurs surveillent les touristes *parce que ceux-ci prennent les cloches que les vaches portent au cou.* – Pourquoi est-ce que les agriculteurs surveillent les touristes?

a. Les gendarmes ont arrêté plusieurs personnes *en Auvergne.* – ......?
b. Les paquets des touristes étaient pleins *de souvenirs volés.* – ....?
c. Les objets préférés sont *ceux qui ne servent* à rien. – ....?
d. En avion, *au moment du repas,* des tasses et des couverts disparaissent dans les bagages à main. – ....?
e. Le client vole *parce qu'il recherche la matérialisation d'un souvenir agréable.* – ....?
f. La plupart des firmes veulent faire *des cadeaux.* – ....?
g. Quand une maîtresse de maison reçoit des amis, elle ne doit pas trop se soucier *de la cuisine.* – ....?

IV. (m/s) Traduisez:

a. Den Touristen gefallen die Glocken, die die Kühe um den Hals tragen.
b. Die meisten Touristen ziehen Sachen vor, die zu nichts gut sind.
c. Sie stehlen, weil sie ein Souvenir mitnehmen wollen.
d. Deshalb schenken die meisten Firmen ihren Kunden Bleistifte, Kugelschreiber usw. . . .

V. (m) Complétez les phrases:

a. Il part (1) l'Auvergne.
b. Pour obtenir de l'eau, appuyer (2) la pédale.
c. Elle a ramené de (3) Madame Lebrun une cuiller (4) souvenir.
d. Quand on va déjeuner sur l'herbe, il vaut mieux emporter des assiettes (5) matière plastique.
e. Les grandes firmes distribuent des milliers de cadeaux (6) jour.
f. Il est arrivé (7) deuxième position.

I. (m) Choisissez la réponse correcte et mettez une croix sur la lettre de la bonne réponse:

1. J'ai attendu chez le boucher: il y avait au moins dix
a. personnalités
b. personnes

2. Merci, Monsieur. Vous êtes
a. tout à fait
b. tout le temps   aimable.

3. Elle est allée faire des
a. achats
b. ventes   en ville.

4. Le samedi après-midi
a. les bancs
b. les banques   sont fermées.

5. Elle a bonne mine:
a. elle est remise à neuf
b. elle s'est bien remise   de sa maladie.

6. Tous les soirs, il étudie ses leçons jusqu'à minuit:
a. il est travailleur.
b. il est ouvrier.

21

II. (m/s) Remplacez les mots ou expressions en italique par des mots ou expressions de même sens:

a. Les Lebrun ont une jolie *maison* à la mer.
b. Il est de ceux qui recherchent les coins *perdus* pour passer des vacances.
c. Posez vos verres *par terre*.
d. Elle viendra *si c'est toi* qui le lui demandes.
e. *J'ai peur* qu'ils aient eu un accident.
f. Cette maison est habitée par deux *couples*.
g. Les agents de police n'aiment pas qu'on les *appelle* «flics».
h. Cette robe *vaut* 100 F.
i. Il sait *s'occuper de* son jardin.
k. J'aimerais bien *vivre* plus tard dans le Midi.

III. (m/s) Complétez les phrases suivantes par des mots ou expressions du texte 21 A:

a. Il n'a pas dit un mot. Il est resté (1) pendant toute la soirée.
b. Il comprend l'anglais, mais il ne peut pas le parler: Il n'a pas assez de (2).
c. Pendant les vacances, je marche toujours (3).
d. Je suis sûr qu'il ne répétera pas ce que je lui ai dit: Il est très (4).
e. Rien ne remplacera le (5) pour faire les meubles.
f. Dimanche prochain, nous irons tous au (6) de courses.
g. Il a plu. L'air est très (7).
h. Selon les (8), les Français boivent plus d'alcool que les Allemands.

IV. (m/s) Répondez aux questions:

a. Pourquoi est-ce que tant de Parisiens ont une résidence secondaire?
b. Pourquoi est-ce que le Parisien ne craint pas la pluie et la boue quand il est à la campagne?
c. Que fait le Parisien dans le jardin de sa maison de campagne?
d. Où est-ce que se trouvent les Alpes Maritimes et le Var?
e. Pourquoi est-ce que ce sont les départements préférés des Français?
f. Pourquoi est-ce que les Parisiens préfèrent acheter une vieille maison de campagne plutôt qu'une maison neuve?

56

V. (m) Choisissez la réponse correcte et mettez une croix sur la lettre de la bonne réponse:

1. Les Lebrun ont toujours rêvé d'avoir une maison à la campagne, mais parce qu'ils
a. ont
b. avaient eu   des enfants qui ne parlent que de bateaux,
c. auraient

2. ils ont décidé qu'ils
a. ont acheté
b. achèteraient   une maison à la mer.
c. achètent

3. L'autre jour, ils ont trouvé une petite maison en Bretagne qui
a. est
b. a été   à vendre,
c. était

4. et ils sont allés chez le propriétaire, un paysan du coin, pour lui en
a. demandé
b. demande   la clé, mais quand ils ont visité la maison,
c. demander   ils ont changé d'avis.

5. Maintenant, les enfants
a. avaient été
b. ont été   bien déçus,
c. sont

6. car ils
a. espéraient
b. espéreront   passer les prochaines vacances en Bretagne.
c. espèrent   tagne.

22

I. (m/s) Cherchez le mot qui correspond:

a. Quel est le métier qui consiste à traduire à quelqu'un ce que dit une autre personne dans une langue étrangère?

b. Certains messieurs en portent une, parfois avec une barbe, parfois sans.

c. Donnez une autre expression pour: peu à peu.

d. On peut y acheter de l'essence.

e. Les années qui ont suivi la guerre.

f. Ce sont elles qui gouvernent une ville.

g. C'est la mer qui sépare la France de l'Angleterre.

h. Donnez un verbe pour: demander des renseignements.

II. (m) Dites le contraire d'après le modèle:

C'est un *mauvais* homme? – Non, c'est un *brave* homme.

a. Ils *s'installent*? – ....

b. Elle conduit *lentement*? – ....

c. Elle a les cheveux *blonds*? – ....

d. Il aime les femmes *grosses*? – ....

e. Il a l'esprit *large*? – ....

f. C'est *le mari* qui est parti? – ....

III. (s)

C'est une chambre à coucher confortable. – Mais j'ai déjà vu des chambres à coucher plus confortables.

a. C'est une employée de maison discrète. – ....

b. C'est un porte-monnaie pratique. – ....

c. C'est une grand-mère jeune. – ....

d. C'est une femme de ménage sérieuse. – ....

e. C'est un bon tourne-disque. – ....

f. C'est un hors-d'œuvre bien servi. – ....

g. C'est un timbre-poste rare. – ....

h. C'est un grand-père moderne. – ....

i. C'est une machine à laver bon marché. – ....

IV. (m/s) Posez la question à laquelle répondent les mots en italique:

La lettre a été écrite *par un Anglais qui a fait la guerre en France.* – Par qui est-ce que la lettre a été écrite?

a. Cet Anglais était interprète *pendant la guerre.* – . . . . ?

b. *C'est à Roubaix* qu'il a rencontré la famille Merlier. – . . . . ?

c. Les Merlier étaient commerçants: ils vendaient *des postes de radio et des tourne-disques.* – . . . . ?

d. L'Anglais s'était déjà renseigné *auprès des autorités municipales de Roubaix.* – . . . . ?

e. Il n'a pas pu entrer en contact avec les Merlier, *parce qu'ils avaient déménagé sans laisser d'adresse.* – . . . . ?

f. Après la guerre, les gens se sont réadaptés *par degrés* à la vie normale . – . . . . ?

g. *Grâce au journal* l'Anglais pourra peut-être retrouver la famille Merlier.

V. (m) Mettez les verbes entre parenthèses à la forme voulue:

Un commerçant a entendu un bruit dans son magasin juste au-dessous de sa chambre. Il descend et trouve un homme qui le menace de son revolver.
– Qu'est-ce que vous (faire)? lui demande-t-il.
– Je (chercher) de l'argent.
Le commerçant hésite une seconde. Puis il remarque:
– (chercher) ensemble, mon ami . . . Si nous en (trouver), nous (partager).

I. (m/s) Complétez les phrases suivantes par des mots ou expressions du texte 23 A:

a. Je ne veux pas que tu continues à la voir. Elle a une mauvaise (1) sur toi.

b. La lettre n'est pas signée. C'est une lettre (2).

c. Partez devant. Je vous (3) chez les Arnaud.

d. Ne passe pas sous une (4), ça porte malheur.

e. Elle a été attaquée. Mais comme la rue était déserte, personne n'a pu lui (5).

f. Le grand artiste est mort en pleine (6).

g. De quel (7) politique est-il membre?

h. Il est d'origine modeste. C'est un homme du (8).

i. Il porte toujours un manteau usé jusqu'à la (9).

II. (m/s) Remplacez les mots ou expressions en italique par des mots ou expressions de même sens:

a. Personne ne peut *échapper* à l'attention d'une concierge.

b. Je suis monté sur la *célèbre* tour Eiffel.

c. Les magasins du «Printemps» font de la *réclame* dans de nombreux journaux.

d. Les toits sont *couverts* de neige.
e. Mon père *est mort* à l'âge de cinquante ans.
f. A la Libération, beaucoup de Parisiens avaient mis un drapeau *bleu blanc rouge* à leurs fenêtres.
g. Quand elle a appris son succès à l'examen, *elle a perdu connaissance.*

III. (m/s) Répondez aux questions:

a. Qui était le Général de Gaulle pour tous les Français d'une certaine génération?
b. D'où est-ce que le Général de Gaulle a envoyé son fameux Appel?
c. Qu'est-ce qu'il demandait aux Français dans cet Appel?

IV. (m/s)

Il voulait mettre sa veste. – Mais il ne l'a pas mise.

a. Elle voulait faire un gâteau. – . . . .
b. Tu voulais conduire la voiture de Jean. – . . . .
c. Vous vouliez écrire des cartes postales. – . . . .
d. Elle voulait peindre le couloir. – . . . .
e. Il voulait nous offrir des cigarettes. – . . . .
f. Nous voulions prendre un apéritif. – . . . .
g. Vous vouliez ouvrir les fenêtres. – . . . .
h. Je voulais voir ce film. – . . . .
i. Tu voulais lire la pièce. – . . . .

V. (m) Complétez les phrases:

a. Il va (1) Canada.
b. Il vient (2) Etats Unis.
c. Je suis allé (3) France (4) 1970 (5) mois d'août.
d. Je n'aime pas prendre mes vacances (6) hiver, je préfère partir (7) printemps.
e. Ils viendront lundi (8) quinze jours.

23

f. Elle a fermé la porte (9) clé.
g. Je ne l'ai pas rencontré (10) six mois.
h. Les enfants voudraient manger (11) restaurant.
i. Elle est malade (12) bateau.
k. Il s'est endormi (13) la plage.

24

I. (m/s) Complétez les phrases suivantes par des mots ou expressions du texte 24 A:

a. C'est une jeune fille bien à tous les (1).

b. Elle a été (2) d'un accident de la route.

c. Jean n'a pas été gentil. Il sera (3).

d. Il dit qu'il est malade. Mais je sais bien que c'est un (4) pour ne pas venir.

e. Fais donc attention avant de traverser la rue. Tu vas te faire (5)!

f. Tu as tout ce que tu veux. Tu n'as vraiment pas le (6) de te plaindre.

g. Savez-vous quel est le roi qui voulait que les Français puissent mettre chaque dimanche la (7) au pot?

h. Il lui arrive de faire des (8) de 140 km/h.

i. Tu l'as (9) belle.

k. Je n'ai pas bu depuis longtemps. J'ai la (10) toute sèche.

l. Je suis venu seul par mes propres (11).

II. (m/s) Dites le contraire d'après le modèle:

Tu te fais *facilement* des amis? – Non, je m'en fais *difficilement*.

a. Il faut *accélérer* dans les virages? – ....

b. C'est un film pour *enfants*? – ....

24

   c. Mes cheveux sont *secs*? – . . . .

   d. C'est un vert *sombre*? – . . . .

   e. Ça lui a porté *bonheur*? – . . . .

   f. Tu préfères être *conducteur*? – . . . .

III. (m/s)

Si Papa jouait aux courses, il pourrait gagner un million. – Et s'il gagnait un million?

S'il gagnait un million, il achèterait une auto. – Et s'il achetait une auto?

   a. S'il achetait une auto, nous ferions des excursions toutes les semaines. – . . . . ?

   b. Si nous faisions des excursions toutes les semaines, nous aurions peur d'un accident. – . . . . – . . . . ?

   c. Si nous avions peur d'un accident, nous ne profiterions pas de notre dimanche. – . . . . ?

   d. Si nous ne profitions pas de notre dimanche, nous ne travaillerions pas à l'école. – . . . . ?

   e. Si nous ne travaillions pas à l'école, nous serions punis. – . . . . ?

Si nous étions punis, nous ne ferions peut-être pas d'excursions. –

IV. (m/s) Répondez aux questions:

   a. Pourquoi est-ce que le père de B . . . ne peut pas conduire souvent à 150 km/h?

   b. De quoi est-ce que le père de J.-P. traite son fils quand il voit que celui-ci a peur?

   c. Comment est-ce que s'est passé l'accident dont parle E . . .?

   d. Qui est responsable de l'accident? Pourquoi?

   e. Comment est-ce que la maman a été blessée?

   f. Pourquoi est-ce que le père dit que c'est un petit accident, même si la maman est blessée?

24

V. (m) Regardez l'image. Répondez aux questions sans employer la négation ‹ne . . . pas›

a. Combien est-ce qu'il y a de personnes?
b. Est-ce que ce sont des enfants?
c. Est-ce que la dame est au volant d'un camion?
d. Est-ce que le camion roule?
e. Quelles sont les différentes parties de la voiture qu'on voit sur l'image?
f. Qu'est-ce qui arriverait si la dame ne réussissait pas à s'arrêter?
g. Est-ce que le monsieur qui est dans la voiture a l'air désespéré?

VI. (m)

Le jeune Robert demande à sa mère:
– Maman, qu'est-ce que c'est qu'un piéton?
Et la mère qui a la passion de la voiture lui répond après (réfléchir):
– C'est une personne qui (se trouver) devant les autos quand il ne (falloir) pas.

I. (m/s) Choisissez la réponse correcte et mettez une croix sur la lettre de la bonne réponse:

1. Il a essayé d'échanger la serviette du monsieur avec la sienne,
a. mais il n'est pas arrivé.
b. mais il n'y est pas arrivé.

2. Il ne m'a pas franchement dit qu'il était médecin,
a. mais il me l'a laissé entendre.
b. mais il l'a entendu.

3. Je suis allé chez l'épicier acheter
a. un livre.
b. une livre de haricots.

4. Elle a de bonnes manières: elle a reçu
a. un bon enseignement.
b. une bonne éducation.

5. Tu as fini le tableau que tu peignais l'autre jour?
a. Non, c'est un point de vue.
b. Non, il en est au même point.

6. C'est ami sûr:
a. Je peux compter sur lui.
b. Je fais ses comptes.

II. (m/s) Posez la question à laquelle répondent les mots en italique.

La vie augmente sans cesse. – Qu'est-ce qui augmente sans cesse?

a. *L'année dernière* la livre de bœuf coûtait 12 francs. – . . . . ?
b. Mais *le salaire de M. Dubois* reste au même point. – . . . . ?
c. Mme Dubois *se plaint* tous les jours. – . . . . ?
d. M. Dubois aimerait bien obtenir *une augmentation.* – . . . . ?
e. Mais c'est impossible *parce que son patron refuse de l'augmenter.* – . . ?
f. *Depuis que leur fils va au lycée* les Dubois dépensent beaucoup plus d'argent. – . . . . ?
g. Il a besoin *de beaucoup de livres et de cahiers.* – . . . . ?
h. Pourtant il n'aime pas tellement *l'école.* – . . . . ?

III. (m)

Il pourrait emprunter de l'argent. – Mais il ne veut pas en emprunter.

a. Nous pourrions fêter son anniversaire. – . . . .
b. La police pourrait emmener cette voiture à la fourrière. – . . . .
c. Elle pourrait rendre visite à son amie. – . . . .
d. Il pourrait inviter Gisèle à dîner. – . . . .
e. Ils pourraient faire de la politique. – . . . .
f. Je pourrais réunir tous mes amis. – . . . .
g. Tu pourrais faire tes comptes. – . . . .
h. Je pourrais économiser de l'argent. – . . . .
i. Il pourrait compliquer le problème. – . . . .
k. Tu pourrais changer d'avis. – . . . .

IV. (s) Vous écrivez une lettre à votre directeur pour lui demander une augmentation:

a. Vous vous adressez à lui.
b. But de la lettre.
c. Vous dites la date de votre entrée dans la firme ainsi que la nature de votre travail.
d. Vous donnez le nom de votre chef.
e. Vous indiquez votre salaire actuel (insuffisant).

f. Vous avez une nombreuse famille.

g. Formule de politesse.

V. (m/s)

Il fait mauvais et tu veux aller te promener? – Oui, bien qu'il fasse mauvais j'irai me promener.

a. Il vient et tu veux sortir? – . . . .

b. Tu es malade et tu veux aller au cinéma? – . . . .

c. Ils ont de jolis meubles et ils veulent en acheter de nouveaux? – . . . . . .

d. Tu as peur et tu veux rentrer toute seule? – . . . .

e. Elle préfère la Bretagne et elle veut passer ses vacances sur la Côte? –
. . . .

f. Elle n'a que quinze ans et elle veut partir seule à l'étranger? – . . . .

VI. (m) Regardez l'image. Répondez aux questions sans employer la négation «ne . . . pas»:

a. Est-ce que les deux messieurs sont des acheteurs?

b. Est-ce qu'ils vendent des pommes?

c. Est-ce que leurs prix sont les mêmes?

d. Est-ce que vous achèteriez votre fromage chez celui qui a les prix les plus élevés?

e. Est-ce que celui qui vend le fromage à 4,50 F a l'air malheureux?

I. (m) Regardez l'image. Répondez aux questions sans employer la négation «ne . . . pas»:

a. Combien est-ce qu'il y a de personnes?
b. Est-ce que les deux hommes ont l'air triste?
c. Quel est ce personnage derrière eux?
d. Est-ce que les deux hommes sont libres?
e. Que pense, à votre avis, le gendarme quand il voit les deux hommes rire entre eux?
f. Est-ce que le gendarme est, lui aussi, prêt à rire?

II. (m/s) Mettez au passé simple les verbes imprimés en italique:

Mme Dubois était dans l'autobus quand elle *remarque* que la dame qui était en train de descendre oubliait son parapluie.
— Madame, *s'écrie*-t-elle, vous oubliez votre parapluie!
La dame *revient* vite, la *remercie*, *prend* le parapluie en disant:
— J'aurais été désolée si je l'avais perdu. Elle *ajoute*:
— Pensez donc: un parapluie que j'ai trouvé ce matin dans le métro!

27

III. (m/s) Mettez au passé simple ou à l'imparfait les verbes imprimés en italique:

Le facteur *vient* d'apporter des tas de lettres à la grande vedette, Melinda Mirel. Melinda en *ouvre* et en *lit* quelques-unes négligemment. Tous ses admirateurs lui *demandent* la même chose: un autographe. Le papier de ces lettres *est* de la meilleure qualité et il *sent* bon. Tout à coup son regard *se fixe* sur une enveloppe bon marché dont elle *tire* une lettre tapée à la machine. Un homme lui *demande* l'adresse de son dentiste pour acheter un aussi beau dentier que le sien . . .

Melinda Mirel, qui *est* très en colère, *cherche* une feuille de papier et son stylo et le lendemain le monsieur *reçoit* une lettre à l'encre verte, dans laquelle Melinda lui *demande* des excuses . . . et aussi où elle lui *donne* l'autographe tant désiré.

IV. (m/s) Remplacez les mots ou expressions en italique par des mots ou expressions de même sens:

a. La maison était si vieille qu'elle *est tombée*.

b. Pourquoi *te dépêches-tu* comme ça?

c. Je n'ai pas entendu son *histoire*.

d. C'est juste quand je suis arrivé sur le quai que mon train *est parti*.

e. Garçon! Je voudrais que vous me serviez *vite*.

f. Les Lebrun ont une *magnifique* voiture.

g. Oui, Monsieur l'Inspecteur. J'ai entendu deux *coups de revolver*.

h. Elle *a essayé* de mettre fin à ses jours.

V. (m/s) Mettez au passé simple ou à l'imparfait les verbes imprimés en italique:

A peine sortie de l'école, la jeune institutrice *monte* dans l'autobus. Elle *s'assied* juste en face d'un monsieur dont la tête lui *rappelle* quelque chose. Elle *pense* que *c'est* probablement un père d'élève et elle lui *sourit* de confiance.

Mais le monsieur *reste* de glace et *se contente* de regarder la jeune institutrice d'un air froid.

A la fin, elle *se rend compte* de son erreur. L'idée de ce que celui-ci *doit*

70

penser la *fait* rougir. Terriblement gênée, elle *se décide* à expliquer son **27**
erreur.

– Excusez-moi, Monsieur. Je vous avais pris pour le père d'un de mes
enfants . . .!

SCHLÜSSEL ZU DEN ÜBUNGEN

1 I.

(1) Enchanté, (2) congé, (3) dépasse, (4) effort, (5) résultats, (6) retard, (7) l'épicier, (8) boucher, (9) avance, (10) familière, (11) coup.

II.

a. public – b. sec – c. grave – d. évitons – e. longtemps – f. rester – g. mensonges – h. chôme.

III.

a. Parce que la forte saison est déjà passée / on est déjà hors saison – b. Grâce aux machines agricoles – c. Au syndicat d'initiative – d. Pour faire comme tout le monde – e. Du tabac – f. Pour faire lever la population plus tôt.

IV.

(1) devant, (2) avant, (3) il y a, (4) avant, (5) devant, (6) devant, (7) avant, (8) il y a, (9) devant, (10) avant, (11) devant, (12) il y a.

V.

a. Monsieur, – b. Je vous remercie de votre lettre et de vos renseignements – c. Je voudrais une chambre à un / deux lits, avec / sans bain – d. J'aimerais prendre le petit déjeuner à l'hôtel – e. J'arriverai le 10 juillet et je resterai jusqu' à la fin du mois – f. Dans l'attente d'une réponse favorable, recevez, Monsieur, mes salutations distinguées.

2 I.

(1) promis, (2) sur place, (3) programmes, (4) valises, (5) debout, (6) arrêt, (7) réveiller, (8) économiser, (9) accélérer, (10) île déserte, (11) ton, (12) maillot, (13) reposer.

II.

a. debout – b. chaleur – c. se réveille – d. exceptionnel – e. économise – f. complètement – g. rentrée – h. commence – i. lourd.

III.

a. Parce que ça prend trop de place dans la voiture – b. Pour économiser quelques litres d'essence – c. Parce que maman lui a répondu d'un ton sec – d. Parce qu'il est complètement épuisé – e. Parce qu'il va falloir avancer le retour – f. Parce qu'il y aura du monde sur la route pour la rentrée.

IV.

a. tu n'auras jamais économisé d'argent – b. elle ne sera jamais allée voir mes dessins – c. ils n'auront jamais vu les monuments de Paris – d. nous n'aurons jamais appris l'anglais – e. ils n'auront jamais fait le tour du monde.

V.

a. Nous achèterons tout le matériel nécessaire sur place – b. Nous y serons / on y sera en un rien de temps – c. Papa fume comme une cheminée – d. Une fois qu'on va / que nous allons avoir attrapé l'autoroute, ça va bomber – e. Papa veut attacher la voiture à un camion pour économiser quelques litres d'essence – f. Le camion a accéléré brusquement / tout à coup – g. Il va falloir avancer notre retour.

3 **I.**

(1) veuve, (2) intention, (3) remet, (4) doute, (5) terre, (6) soigné, (7) explications, (8) noyer, (9) curieuse, (10) formellement, (11) bruit, (12) convaincue, (13) assisté, (14) exprès.

II.

a. difficilement – b. doute – c. bruit – d. pleurer – e. le début – f. moins – g. monter – h. tôt.

III.

a. Chaque dimanche – b. Parce qu'il a peur – c. Parce qu'il avait déjà l'intention de se remarier – d. Que c'était Denise – e. (A) Lille – f.

Parce qu'ils sont convaincus qu'ils ont affaire à un fantôme – g. Pour savoir qui était cette femme dont on a retiré le corps de la Lys.

IV.

a. Il s'en est allé en remerciant Madame Jolivet pour son déjeuner – b. Nos parents nous ont quittés en nous embrassant – c. Elle lui a répondu en rougissant qu'elle voulait bien aller au cinéma avec lui – d. Il est déjà de mauvaise humeur en se levant – e. Il a continué sa route en ne faisant pas attention au voleur – f. Elle a eu la grippe en se promenant sans manteau.

V.

a disparu.
Vous vous appelez
Vous êtes marié?
commence

4 I.

(1) accorder, (2) différence, (3) l'auteur, (4) succès, (5) compléter, (6) commun, (7) règlement, (8) permission, (9) durée, (10) à cause, (11) peine, (12) nombreuse, (13) déranges, (14) cartes postales.

II.

a. d'occasion – b. interdit – c. riche – d. toujours – e. a acheté – f. ouverte – g. a trouvé.

III.

a. En hiver. Parce que quand il fait froid (quand il pleut et neige, quand il fait du brouillard), les clients ne sont pas nombreux – b. Oui. Ceux qui cherchent à compléter leur pension – c. De ne pas louer leur boîte ou de ne se faire remplacer par personne; de ne pas fermer celle-ci plus d'un mois – d. Parce qu'ils sont indépendants – e. En vendant des timbres-poste, des petits tableaux, des dessins et des cartes postales – f. Parce qu'ils font partie du vieux Paris.

IV.

a. adressez-vous-y, adresse-toi à lui – b. y répondre, lui répondre – c. m'y intéresse, s'intéresse à elle – d. Pensez-y, penser à eux – e. y croit, te crois.

V.

(1) c., (2) a., (3) d., (4) b., (5) b., (6) a., (7) d.

5 I.

(1) originale, (2) mystérieux, (3) jambes, (4) ranger, (5) gants, (6) guichet, (7) propriétaire, (8) comptoir, (9) preuve, (10) rayon.

II.

a. la capitale de la France – b. chaque année – c. de nombreux Français/ bien des Français/quantité de Français – d. sur la voie publique – e. j'ai remarqué – f. vélo – g. à nouveau – h. rendu – i. à l'intérieur – k. ça ne le regardait pas.

III.

a. Aux objets trouvés/au 36 de la rue des Morillons – b. Une petite vigne – c. Des renseignements sur les tendances du marché et sur la mode – d. Parce que beaucoup de personnes ne viennent pas les réclamer – e. Parce que selon qu'ils ont été trouvés dans un taxi, dans le métro, dans l'auto- bus ou sur la voie publique, la couleur est différente – f. Pour être sûr de lui remettre (rendre) le portefeuille qui est vraiment à lui – g. Au rayon «des objets perdus aux objets trouvés».

IV.

a. ce n'est pas le sien – b. c'est le mien – c. ce sont les miens – d. ce n'est pas le tien – e. ce sont les siennes – f. ce ne sont pas les nôtres – g. ce n'est pas la sienne – h. ce ne sont pas les leurs – i. c'est la sienne.

V.

a. L'adresse du bureau des objets trouvés est une des adresses les plus célèbres de Paris – b. On y trouve des choses bizarres, comme un dentier oublié dans un hôtel ou une jambe orthopédique trouvée aux Halles – c. Chaque jour, 400 personnes se pressent devant les guichets – d. A un employé qui demande ce qu'il y a à l'intérieur de son portefeuille, un monsieur déclare: «Cela ne vous regarde pas».

VI.

a. Qu'est-ce que vous avez perdu? – b. De quelle couleur est-il? – c. Qu'est-ce qu'il y avait dedans (à l'intérieur)? – d. Combien? – e. Quel est votre nom? – f. Quelle est votre adresse? – g. Où avez-vous perdu votre portefeuille?

6 I.

(1) permanent, (2) général, (3) augmenter, (4) consiste, (5) accord, (6) empêché, (7) en forme de, (8) en plus, (9) supprimer, (10) portion.

II.

a. stoppe – b. obligé – c. en plus – d. à venir – e. diminution – f. supprime – g. extérieure – h. le nouveau, meilleur –

III.

a. En un plat garni et un dessert, vin et service compris – b. Pour stopper l'augmentation des prix dans les restaurants – c. Par une affiche en forme d'assiette (sur laquelle est détaillé le menu) qui se trouve à l'entrée des restaurants – d. Parce que le consommateur est sûr d'avoir moins de surprises au moment de payer – e. Non, car la «boisson comprise» est obligatoirement du vin (et non pas de la bière ou de l'eau minérale) – f. Le menu prix fixe «vin et service compris» comprend en plus un hors-d'œuvre – g. Si les portions diminuent.

IV.

(1) aimable, (2) capable, (3) faible, (4) classique, (5) libre, (6) possible, (7) difficile, (8) exacte, (9) direct, (10) fade.

V.

(1) trou perdu, (2) entrent, (3) coin, (4) préparer, (5) élevée, (6) œufs, (7) rares.

I.

(1) visiteurs, (2) passer, (3) contrôlé, (4) avis, (5) événements, (6) rares, (7) met, (8) capable, (9) état, (10) éclairage, (11) talent,

II.

a. rarement – b. Je suis capable de – c. prévenu(e) – d. la loge – e. se sont mises – f. L'ensemble des hommes d'affaires – g. actuellement – h. m'a bien informé(e) – i. belles étrennes – k. contrôler.

III.

a. Parce qu'elle fait partie du décor parisien – b. Elles demandent des étrennes – c. Parce que ce n'est pas une femme, mais une «alarme électronique parlante» – d. A un ingénieur – e. De Français moyens – f. A Paris, à la Porte de Versailles – g. Il se met à parler. Il prévient la police – h. Les musées internationaux et Interpol – i. Dans certaines voitures.

IV.

(1) a., (2) b., (3) c., (4) a., (5) a., (6) a., (7) c., (8) c..

V.

a. La concierge doit son existence à Napoléon – b. Personne ne peut sortir sans être vu par la concierge – c. On a déjà essayé de se passer d'elle

– d. Le concierge de l'an 2000 n'est pas l'œuvre d'un Français moyen – e. La concierge électronique annonce les premières réparations à faire et prévient les pompiers – f. Dans les immeubles bourgeois, on ne l'a pas encore installée – g. On pense à installer cette concierge électronique dans certaines voitures.

VI.

Eh bien, Madame Michu, comment va votre petit dernier? – Très bien, Monsieur Dupont. – Est-ce qu'il travaille bien à l'école? Est-ce qu'il sait lire? – Oui, et c'est une chance, car, avec mes mauvais yeux, je ne pourrais plus lire sans lui le courrier des habitants de l'immeuble.

8 I.

a. Après-demain – b. J'ai confondu les deux noms – c. Gisèle a environ douze robes – d. Il a attrapé un rhume – e. Nous nous baignons – f. Il faut organiser des élections – g. En autocar.

II.

(1) terrain, (2) organise, (3) en plein air, (4) concours, (5) estomac, (6) enfermer, (7) différents, (8) dessiner, (9) représentation.

III.

Pourquoi est-ce qu'il ne s'est pas rasé pendant trois semaines? – b. Pourquoi est-ce qu'il n'avait pas le temps – c. Pourquoi est-ce qu'il était parti du matin jusqu'au soir? – d. Pourquoi est-ce qu'il voulait profiter de la nature?

IV.

a. J'ai appris par mon journal que vous organisiez des cours en France pour les jeunes Allemands – b. Ma fille de 16 ans qui apprend le français (depuis X ans) serait intéressée par ces cours – c. J'aimerais en connaître les dates – d. Je voudrais savoir également où / dans quelles villes ils ont lieu. – e. Pourriez-vous me dire aussi en quoi ils consistent – f. Ma fille aimerait beaucoup habiter chez une famille française. Est-ce que c'est possible? Quelles sont les autres possibilités de logement? – g. Enfin, pourriez-vous m'indiquer le prix de ces différents cours – h. J'espère recevoir bientôt une réponse de votre part – i. Recevez, Monsieur, mes salutations distinguées.

V.

a. Au «Centre Azur» – b. A 12 km à l'ouest de Toulon – c. Par l'Union Chrétienne des Jeunes Gens – d. Environ 150 – e. Entre 18 et 25 ans – f. Non. Il y a aussi des groupes venus des Pays Bas et du Luxembourg, d'Afrique et d'Australie. Il y a également un Finlandais et un Mexicain. – g. Pour élire les chefs des différents cercles de travail – h. Il y a des représentations théâtrales, des concerts en plein air, des conférences et des concours – i. C'est un vent (qui peut être froid) – k. Parce qu'il a attrapé un rhume l. Dans les environs, entre Marseille et Nice – m. Grâce à son scooter.

I.

a. occupe – b. prendre – c. la banlieue – d. prendre du repos – e. emploie – f. J'ai pris la décision – g. J'ai signé.

II.

a. son fiancé – b. sa rivale – c. les chaussures – d. les draps – e. la confiture – f. un divan – g. les agents de police – h. le mobilier – i. elle se cache – k. dans le frigo.

III.

a. Chez sa rivale – b. Elle se cache derrière un arbre – c. En sautant par une fenêtre du rez-de-chaussée (restée ouverte) – d. Pour se donner du courage – e. Parce que ça ferait trop de bruit – f. La vaisselle – g. Elle veut signer son œuvre – h. Parce qu'elle n'a pas de craie sous la main – i. Des gros mots et en bas elle met son prénom – k. Parce qu'elle a bu trop de cognac – l. Elle est en train de dormir (d'un profond sommeil) – m. Elle appelle les agents de police.

IV.

a. Après avoir appris l'infidélité de son fiancé, Mlle Charlotte prend la décision de se transporter sur les lieux du crime – b. Elle attend les deux coupables qui sortent bras dessus bras dessous. – c. Elle boit plusieurs cognacs et commence à démolir le mobilier – d. Elle ne veut pas casser les vitres, car cela/ça ferait trop de bruit – e. Elle vide le frigo et jette toutes les provisions sur le parquet – f. Puisqu'elle n'a pas de craie sous la main, elle écrit avec son bâton de rouge à lèvres – g. Elle a tout à coup la tête lourde et elle décide de prendre du repos – h. Quand sa rivale revient, elle dort d'un profond sommeil.

V.

a. Ce n'est pas vrai, il en a mis une avant d'y aller – b. Ce n'est pas vrai, il s'est excusé avant de passer (devant elle) – c. Ce n'est pas vrai, elle en a pris un avant de monter – d. Ce n'est pas vrai, il l'a appris avant d'y aller – e. Ce n'est pas vrai, elle l'a lue avant d'écrire – f. Ce n'est pas vrai, elle le lui a dit avant de partir.

11 **I.**

(1) rendez-vous, (2) ramené, (3) danse, (4) accident, (5) gestes, (6) ridicule, (7) compagnie, (8) chasse, (9) mener par le bout du nez, (10) brille

II.

a. préfèrent – b. me déplaisent – c. répété – d. Il a l'air bête – e. consommations – f. de nouvelles dépenses – g. désirerais – h. exacte

III.

a. Il faut que tu aies la clé – b. Il faut que nous ayons un plan de Paris – c. Il faut qu'elle ait son livre de français – d. Il faut qu'ils aient le téléphone – e. Il faut que vous ayez vos lunettes – f. Il faut qu'il ait une voiture.

IV.

a. Pourtant il faut qu'elles le finissent – b. Pourtant il faut qu'elle lui écrive – c. Pourtant il faut qu'il le rende – d. Pourtant il faut qu'ils en écrivent – e. Pourtant il faut qu'elle la donne – f. Pourtant il faut qu'elle les rende.

V.

a. Mais les Arnaud sont-ils de Paris aussi? – b. Mais Jean va-t-il réussir aussi? – c. Mais les Lebrun apporteront-ils des fleurs aussi? – d. Mais René descendra-t-il à l'Hilton aussi? – e. Mais les parents prendront-ils du lait aussi? – f. Mais la Bretagne a-t-elle beaucoup de touristes aussi?

VI.

lâche
sort
fait
dit

2 I.

a. un sandwich – b. j'achète un ticket – c. un boulevard – d. les bonbons – e. les allumettes – f. voiture – g. flic – h. les mouchoirs

II.

a. A sa place, je serais devenu triste – b. A sa place, je serais venu la prendre chez elle avec une voiture propre – c. A sa place, j'aurais été malheureux – d. A sa place, je lui aurais donné des renseignements faux – e. A sa place, j'aurais acheté une chambre à coucher ancienne.

III.

a. Parce qu'elles sont peintes dans un vieux marron – b. Parce qu'ils savent que c'est interdit – c. Parce que le couvercle est sale / Parce qu'elle n'a pas envie de se salir les mains avec le couvercle qui est sale – d. Avec les voitures en stationnement interdit – e. Ils devraient payer dix francs.

IV.

(1) débarrasser, (2) envie, (3) risque, (4) peint, (5) terrasse, (6) salir, (7) sauf, (8) mine.

V.

a. Je ne crois pas qu'elle aille en France un jour – b. Je ne crois pas qu'il vienne à Beaulieu un jour. – c. Je ne crois pas qu'il ait sa propre maison un jour – d. Je ne crois pas qu'il soit médecin un jour – e. Je crois pas qu'elle fasse des voyages un jour – f. Je ne crois pas qu'elle lui rende son livre un jour.

VI.

a. Il serait content que nous allions nous promener avec lui – b. Ils seraient contents que tu ailles au théâtre avec eux – c. Nous serions contents que Philippe aille chercher René à la gare – d. Elle serait contente qu'il (elle) aille faire les courses avec elle – e. Je serais content que Robert aille jouer dans le jardin – f. Elles seraient contentes que vous alliez à Cologne avec elles.

13 I.

a. en plein cœur – b. surpris – c. le bonheur – d. Il a un faible pour – e. ressemble à – f. les meubles – g. de l'univers – h. guidé – i. Il m'imite.

II.

a. la poussière – b. antiquaire – c. le château – d. les siècles – e. les fauteuils – f. les trésors – g. les artistes – h. un secrétaire.

III.

Un antiquaire / une boutique de copies d'ancien – b. En plein cœur du Faubourg St. Antoine, (au 82) – c. Des secrétaires, des armoires, des chaises, des fauteuils, des lits de repos – d. D'après des documents anciens (dans des laques et des patines anciennes) – e. Les meubles anciens (couverts de la poussière des siècles) – f. A un petit château – g. En banlieue – h. Parce qu'il faut beaucoup d'argent pour acheter un vrai Louis; en plus, la plupart sont faux, même s'ils sont signés.

IV.

a. Bonjour, Monsieur, que désirez-vous? – b. De quelle forme? – c. Où est-ce que vous voulez la mettre? – d. Vous êtes combien de personnes? – e. En quel style? – f. Je regrette, Monsieur, nous ne faisons pas le (style) Louis XV.

V.

a. Le français, je l'apprends depuis deux ans aussi – b. La robe rouge, je l'ai achetée aussi – c. Les Dubois, ils peuvent venir aussi – d. L'Italie, je l'aime aussi – e. Juliette, elle se dépêche aussi – f. Les Dubois, je les ai rencontrés chez Tante Henriette aussi – g. Les vêtements courts, je les aime aussi –

I.

a. Cet établissement – b. personnages puissants – c. commandé – d. en gardant l'incognito – e. immense – f. sans cesse – g. touchent – h. m'assurer

II.

a. un couteau – b. une fourchette – c. une cuiller – d. elle doit le repasser – e. les étoiles – f. des chiffres – g. le chef cuisinier – h. la sauce – i. les inspecteurs

III.

(1) b., (2) b., (3) a., (4) b., (5) b., (6) a.

IV.

a. A contrôler tous les hôtels et les restaurants de France – b. Trois – c. Ils commandent un repas (et le paient) en gardant l'incognito – d. Non.

Ils examinent aussi les assiettes, les couteaux, les fourchettes, les cuillers et s'assurent que les serviettes sont bien repassées – e. On commence une enquête – f. La liste des restaurants où l'on mange bien pour 17 F tout compris – g. Non. Il n'y en a que 336

V.

a. Si plusieurs clients se plaignent d'un restaurant ou d'un hôtel, le guide Michelin commence une enquête.
b. Les inspecteurs vont dans les restaurants, commandent un plat et le paient.
c. Ils savent bientôt s'il y a eu changement.

15 I.

(1) habitués, (2) étrangers, (3) augmente, (4) dépend, (5) coups de téléphone, (6) mûrs, (7) langue, (8) honte, (9) tirer, (10) avantage

II.

a. refusé – b. compliqué – c. trouvé – d. première – e. pleine – f. le plus souvent possible

III.

a. Avec le gouvernement – b. L'abaissement de 60 à 54 heures de travail – c. Parce qu'il est difficile de trouver quelqu'un – d. Parce qu'ils ne veulent pas d'étrangères – e. Parce qu'elles n'ont pas de travail dans leur pays – f. D'amasser le plus possible – g. 6,50 F de l'heure, parfois 7 F – h. Du quartier

IV.

a. J'ai l'honneur de répondre à votre annonce du 15 mai parue dans Le Figaro – b. Je suis de nationalité allemande et j'ai 21 ans – c. Je suis déjà partie au pair en France l'année dernière pendant trois mois, et je me suis occupée d'une petite fille de 3 ans et d'un petit garçon de l'âge de votre fils: j'ai donc une certaine expérience des enfants – d. Je suis libre du 30 juin au 15 septembre – e. Je serais heureuse que vous répondiez à ma candidature et que vous m'indiquiez mon salaire – f. Dans l'attente de votre réponse, recevez, Monsieur, mes salutations distinguées.

V.

a. Oui – b. Qui est à l'appareil? – c. Quel âge avez-vous? – d. Est-ce que vous avez déjà travaillé comme employée de maison? – e. Combien de temps (est-ce que vous êtes restée chez eux)? – f. Pourquoi est-ce que vous êtes partie? – g. Combien est-ce que vous voulez gagner? – h. Quand est-ce que vous voulez commencer? –

VI.

– Allô
– Allô, vous êtes bien 707 2757?
– Pas du tout, je suis 705 2757
– Excusez-moi, Monsieur, de vous avoir dérangé.
– Vous ne m'avez pas du tout dérangé; mon téléphone sonnait justement.

I.

(1) discours, (2) impression, (3) éclairées, (4) enseignement, (5) réalité, (6) cultivée, (7) devoirs, (8) images, (9) ombre, (10) amusement

II.

a. moyen efficace – b. prendra la place de – c. commode – d. vers midi – e. énorme – f. autrement dit – g. une foule – h. tuer

III.

a. Que la télévision est un instrument efficace d'enseignement et de culture – b. Le rôle d'hôtesses – c. Comme des enfants / des bébés – d. En regardant la télévision / en s'asseyant devant le poste de télévision – e. Les pièces policières (en série) – f. Parce que les livres seront remplacés par la télévision – g. Quand les gens seront complètement bêtes.

IV.

a. Qu'est-ce qui est facile? – b. Où est-ce qu'elle est allée au cinéma? – c. Quand est-ce qu'il y avait une pièce policière à la télévision? – d. Pourquoi est-ce qu'il n'aime pas la télévision? – e. De qui est-ce qu'il a pris la place? – f. Combien de temps est-ce que le roi Louis XIV a gouverné la France? – g. Comment est-ce qu'elle a parlé? – h. Quand/A quelle heure est-ce qu'il est parti?

V.

(1) exactement, (2) largement, (3) seulement, (4) absolument, (5) parfaitement, (6) infiniment, (7) vraiment, (8) formellement

17 I.

a. un échange – b. le stade – c. une pelouse – d. des libre-service – e. les associations – f. le sud – g. des certificats

II.

(1) détails, (2) corriger, (3) contacts, (4) vœux, (5) comprend, (6) stage, (7) outils, (8) proposer

III.

a. Votre maison m'a été recommandée par M. X., client chez vous depuis plusieurs années – b. J'organise début juillet un camp de jeunes, et j'aurais besoin de différents articles de sport (balles[1]), ballons[2]), chaussures de tennis etc.) et de matériel de camping, en particulier d'un certain nombre de tentes – c. En conséquence, je vous prie de m'envoyer votre catalogue et vos prix – d. Je désirerais être livré le plus tôt possible, c'est-à-dire avant la fin de juin – e. Dans l'attente de votre prompte réponse, je vous prie d'agréer, Monsieur, l'expression de mes sentiments distingués.

---

[1]) la balle = (kleiner) Ball, [2]) le ballon = Ball

IV.

a. Je me réfère à votre annonce du 15 mai parue dans *le Monde* – b. Ma fille qui a 16 ans apprend le français depuis deux ans et serait heureuse de partir en France – c. Les vacances commencent au début du mois d'août et finissent le 15 septembre – d. Votre fille pourrait peut-être passer le mois d'août chez nous; la nôtre serait heureuse de passer les vacances de Noël en France – e. Bien sûr, nous aurions une chambre pour votre fille – f. Dans l'attente de votre réponse, je vous prie d'agréer, Monsieur, l'assurance de ma haute considération.

V.

a. Nous sommes sensibles à votre aide – b. Grâce à l'échange, les jeunes gens pourront corriger des idées fausses et faire des expériences – c. Les participants ont proposé quelques projets qui répondront à presque tous les vœux. – d. Tous les membres de l'association doivent passer un examen pour pouvoir participer au voyage.

I.

a. pense / suppose – b. sa main à Madeleine – c. plaisant – d. un bon séjour – e. aucune communication – f. modeste – g. découvrir – h. appelé (au téléphone)

II.

a. la fièvre – b. laid – c. un milliard – d. des Indiens – e. sa belle-mère – f. gendre – g. de son origine – h. le baccalauréat

III.

a. Parce qu'ils ont peur que le jeune homme épouse leur fille pour son argent – b. Qu'elle l'épousera quand il sera millionnaire – c. Non. Il est aussi amoureux d'elle – d. Pour gagner beaucoup d'argent – e. Parce qu'il souffre du climat, qu'il prend les fièvres; que la vie parmi les Indiens est dangereuse.

IV.

a. Si, je la lui ai vendue – b. Si, je la leur ai expliquée – c. Si, je la leur ai confirmée – d. Si, je les leur ai apportés – e. Si, je les lui ai données – f. Si, je la lui ai racontée

V.

a. Pourquoi est-ce que tu es pauvre? – b. Pourquoi est-ce que tu es étudiant? – c. Pourquoi est-ce que tu veux devenir journaliste? – d. Pourquoi est-ce que tu veux voir du pays? – e. Pourquoi est-ce que tu veux oublier Eve?

20 I.

(1) protéger, (2) cou, (3) recommandations, (4) pages, (5) arrêté, (6) principale, (7) réussite, (8) soucie, (9) juste, (10) sauvé

II.

a. les cloches – b. gendarme – c. les vaches – d. grâce à un baromètre – e. un couvert – f. indication – g. agriculteur

III.

a. Où est-ce que les gendarmes ont arrêté plusieurs personnes? – b. De quoi est-ce que les paquets des touristes étaient pleins? – c. Quels sont les objets préférés? – d. Quand est-ce que, en avion, des tasses et des couverts disparaissent dans les bagages à main? – e. Pourquoi est-ce que le client vole? – f. Que veulent faire la plupart des firmes? – g. De quoi est-ce qu'une maîtresse de maison ne doit pas trop se soucier quand elle reçoit des amis?

IV.

a. Les touristes aiment les cloches que les vaches portent au cou – b. Les objets que les touristes préfèrent/préférés des touristes sont ceux qui ne servent à rien – c. Ils volent parce qu'ils veulent emporter un souvenir – d. C'est pourquoi la plupart des firmes offrent des crayons, des stylos à bille etc. . . . à leurs clients.

V.

(1) pour, (2) sur, (3) chez, (4) en, (5) en, (6) par, (7) en.

1 I.

(1) b., (2) a., (3) a., (4) b., (5) b., (6) a..

II.

a. résidence – b. reculés – c. sur le sol – d. à condition que ce soit toi – e. je crains – f. ménages – g. traite de – h. coûte – i. entretenir – k. habiter / m'installer

III.

(1) silencieux, (2) vocabulaire, (3) nu-pieds, (4) discret, (5) bois, (6) champ, (7) humide, (8) statistiques.

IV.

a. Parce qu'ils veulent se reposer à la campagne de la vie parisienne – b. Parce qu'il considère que la pluie et la boue font partie du décor – c. Il coupe les branches des arbres, récolte des fruits et plante des fleurs – d. Dans le midi de la France – e. Parce qu'il y a la mer et le soleil – f. Parce qu'ils aiment mieux remettre eux-mêmes leur maison à neuf.

V.

(1) a., (2) b., (3) c., (4) c., (5) c., (6) a.

I.

a. Le métier d'interprète – b. une moustache – c. par degrés – d. à la station-service – e. les années d'après-guerre – f. les autorités municipales – g. la Manche – h. se renseigner

II.

a. Non, ils déménagent – b. Non, elle conduit vite – c. Non, elle a les cheveux bruns – d. Non, il aime les femmes maigres – e. Non, il a l'esprit étroit – f. Non, c'est la femme qui est partie

III.

a. Mais j'ai déjà vu des employées de maison plus discrètes – b. Mais j'ai déjà vu des porte-monnaie plus pratiques – c. Mais j'ai déjà vu des grand-mères plus jeunes – d. Mais j'ai déjà vu des femmes de ménage plus sérieuses – e. Mais j'ai déjà vu des tourne-disques meilleurs – f. Mais j'ai déjà vu des hors-d'œuvre mieux servis – g. Mais j'ai déjà vu des timbres-poste plus rares – h. Mais j'ai déjà vu des grands-pères plus modernes – i. Mais j'ai déjà vu des machines à laver meilleur marché.

IV.

a. Quand est-ce que cet Anglais était interprète? b. Où est-ce qu'il a rencontré la famille Merlier? – c. Que vendaient les Merlier? – d. Auprès de qui est-ce que l'Anglais s'était déjà renseigné? – e. Pourquoi est-ce qu'il n'a pas pu entrer en contact avec les Merlier? – f. Comment est-ce que les gens se sont réadaptés à la vie normale? – g. Grâce à quoi est-ce que l'Anglais pourra peut-être retrouver la famille Merlier?

V.

– Qu'est-ce que vous faites?
– Je cherche de l'argent.
– Cherchons ensemble, mon ami ... Si nous en trouvons, nous partagerons.

23 I.

(1) influence, (2) anonyme, (3) rejoins, (4) échelle, (5) porter secours, (6) gloire, (7) parti, (8) peuple, (9) corde

II.

a. se soustraire – b. fameuse – c. publicité – d. recouverts – e. a disparu – f. tricolore – g. elle s'est trouvée mal.

III.

a. L'homme de l'Appel du 18 juin (1940) – b. De Londres – c. Il leur demandait de venir le rejoindre et de se battre avec lui.

IV.

a. Mais elle ne l'a pas fait – b. Mais tu ne l'as pas conduite – c. Mais vous n'en avez pas écrit – d. Mais elle ne l'a pas peint – e. Mais il ne nous en a pas offert – f. Mais nous n'en avons pas pris – g. Mais vous ne les avez pas ouvertes – h. Mais je ne l'ai pas vu – i. Mais tu ne l'as pas lue.

V.

(1) au, (2) des, (3) en, (4) en, (5) au, (6) en, (7) au, (8) dans, (9) à, (10) depuis, (11) au, (12) en, (13) sur

I.

(1) points de vue, (2) victime, (3) puni, (4) prétexte, (5) écraser, (6) droit, (7) poule, (8) pointes, (9) échappé, (10) gorge, (11) moyens

II.

a. ralentir – b. adultes – c. mouillés – d. pâle – e. malheur – f. piéton

III.

a. Et si nous faisions des excursions toutes les semaines? – b. Et si nous avions peur d'un accident? – c. Et si nous ne profitions pas de notre dimanche? – d. Et si nous ne travaillions pas à l'école? – e. Et si nous étions punis?

IV.

a. Parce qu'il est souvent interdit de dépasser 100 km/h – b. De poule mouillée – c. La voiture est rentrée dans un camion qui était en arrêt – d. C'est le père. Parce qu'il n'a pas vu le camion – e. En traversant le pare-brise – f. Parce que sa voiture n'a presque rien.

V.

a. Quatre – b. Non. Ce sont des adultes – c. Non. Elle est au volant d'une voiture – d. Non. Il est en arrêt – e. Les roues, la carrosserie, le pare-brise et le volant – f. La voiture rentrerait dans le camion – g. Non. Il a l'air tranquille.

VI.

après avoir réfléchi
se trouve
quand il ne faut pas

25 I.

(1) b., (2) a., (3) b., (4) b., (5) b., (6) a..

II.

a. Quand est-ce que la livre de bœuf coûtait 12 francs? – b. Qu'est-ce qui reste au même point? – c. Que fait Mme Dubois tous les jours? – d. Qu'est-ce que M. Dubois aimerait bien obtenir? – e. Pourquoi est-ce que c'est impossible? – f. Depuis quand est-ce que les Dubois dépensent beaucoup plus d'argent? – g. De quoi est-ce qu'il a besoin? – h. Qu'est-ce qu'il n'aime pas tellement?

III.

a. Mais nous ne voulons pas le fêter – b. Mais elle ne veut pas l'emmener à la fourrière – c. Mais elle ne veut pas lui rendre visite – d. Mais il ne veut pas l'inviter à dîner – e. Mais ils ne veulent pas en faire – f. Mais je ne veux pas les réunir – g. Mais tu ne veux pas les faire – h. Mais je ne veux pas en économiser – i. Mais il ne veut pas le compliquer – k. Mais tu ne veux pas en changer.

IV.

a. Monsieur le Directeur – b. J'ai l'honneur de demander une augmentation – c. Je suis entré en juin 19 . . . dans votre firme, où je suis correspondancier pour l'anglais – d. Mon chef, M. Lebrun, pourrait vous dire que j'ai toujours été un employé sérieux – e. Je gagne actuellement . . . F, ce qui est insuffisant – f. De plus, j'ai une nombreuse famille et des enfants à élever. En conséquence, j'aimerais être augmenté dans les prochains mois – g. Dans l'attente d'une réponse favorable, je vous prie d'agréer, Monsieur le Directeur, l'expression de mes sentiments distingués.

V.

a. Oui, bien qu'il vienne, je sortirai – b. Oui, bien que je sois malade, j'irai au cinéma – c. Oui, bien qu'ils aient de jolis meubles, ils en achèteront de nouveaux – d. Oui, bien que j'aie peur, je rentrerai toute seule – e. Oui, bien qu'elle préfère la Bretagne, elle passera ses vacances sur la Côte – f. Oui, bien qu'elle n'ait que quinze ans, elle partira seule à l'étranger.

VI.

a. Non. Ce sont des vendeurs / des marchands / des commerçants – b. Non. Ils vendent du fromage – c. Non. Ils sont différents – d. Non. Chez celui qui a les prix les plus bas – e. Non. Il a l'air heureux.

I.

a. Trois – b. Non. Ils ont l'air gai – c. un gendarme/agent de police – d. Non. Ils ont été arrêtés – e. Qu'ils se moquent de lui – f. Non. Il est prêt à se mettre en colère.

II.

remarqua – s'écria-t-elle – revint – remercia – prit – ajouta.

III.

venait – ouvrit – lut – demandaient – était – sentait – se fixa – tira – demandait – était – chercha – reçut – demandait – donnait.

IV.

a. s'est écroulée – b. te hâtes-tu – c. récit – d. a démarré – e. rapidement – f. luxueuse – g. détonations – h. a cherché à.

V.

monta – s'assit – rappelait – pensa – c'était – sourit – resta – se contenta – se rendit compte – devait – fit – se décida.